企业人力资源管理研究

朱惠芹 要 骥 陈奕男 ◎ 著

吉林文史出版社

图书在版编目（CIP）数据

企业人力资源管理研究 / 朱惠芹，要骥，陈奕男著
. -- 长春：吉林文史出版社，2019.6
ISBN 978-7-5472-6254-2

Ⅰ．①企… Ⅱ．①朱… ②要… ③陈… Ⅲ．①企业管理－人力资源管理－研究 Ⅳ．①F272.92

中国版本图书馆CIP数据核字(2019)第117916号

QIYE RENLI ZIYUAN GUANLI YANJIU

书 名	企业人力资源管理研究
作 者	朱惠芹 要 骥 陈奕男
责任编辑	张雪霜
封面设计	徐芳芳
出版发行	吉林文史出版社有限责任公司
地 址	长春市福祉大路5788号
网 址	www.jlws.com.cn
印 刷	定州启航印刷有限公司
开 本	787mm×1092mm 16开
印 张	7.25
字 数	160千
版 次	2019年6月第1版 2019年6月第1次印刷
定 价	45.00元
书 号	ISBN 978-7-5472-6254-2

前　言

在知识经济时代，随着生产力和科学技术的迅速发展，企业之间的竞争更加复杂、更加激烈。人力资源在这种复杂的竞争中起到了举足轻重的作用，人力资源管理是构建企业核心竞争力的关键，继而成为企业获得成功的关键。

本书以章节布局，共分为六章。第一章是人力资源管理概论，包含了人力资源概述以及人力资源管理的发展历程和基本内容；第二章对人力资源战略概论做了相对详尽的分析；第三章是人力资源的配置；第四章主要对招聘与录用进行分析；第五章是员工关系管理；第六章，作为本书的最后一章，重点介绍了组织职业生涯管理。

本书由河北政法职业学院朱惠芹、中国兵器工业集团国营第八二五库要骥、郑州西亚斯学院商学院陈奕男共同撰写。具体撰写分工如下：第一章和第二章由要骥撰写，共计五万字；第三章和第六章由陈奕男撰写，共计十万字。全书由朱惠芹审校、统稿。

本书在撰写过程中，参考借鉴了大量优秀著作与部分学者的理论与作品，在此表示感谢。由于作者精力有限，加之行文仓促，书中难免存在疏漏与不足之处，望专家、学者与广大读者批评、指正，以使本书更加完善。

编　者

2019年2月

目　录

第一章　人力资源管理概论

第一节　人力资源概述

一、人力资源及相关概论

（一）人力资源的概念

资源是指资财的来源。从经济学的角度来说，资源是为了创造物质财富而投入生产活动中的一切要素，包括自然资源、资本资源、信息资源和人力资源。其中，人力资源既是生产活动中最活跃的因素，也是一切资源中最重要的资源，由于该资源的特殊重要性，经济学家和管理学家称其为第一资源。

"人力资源（Human Resources）"这一概念最早于 1919 年由约翰·R. 康芒斯（J. R. Commons）在其著作《产业信誉》中提出。现代意义上的"人力资源"概念是彼得·F. 德鲁克（Peter F. Drucker）于 1954 年在《管理的实践》一书中提出的。他认为，与其他资源相比，人力资源是一种特殊的资源，必须通过有效的激励机制才能开发利用，并为企业带来可观的经济价值。

我们认为，人力资源是指在一定范围内为社会创造物质和精神财富、推动社会和经济发展的具有体力劳动能力和智力劳动能力的人的总称。人力资源包括数量和质量两个方面的内容。

（二）人口资源的概念

人口资源是指一个国家或地区的人口总体的数量表现，是形成人力资源的自然基础。在人口范围内，人分为具备劳动能力者、暂时不具备劳动能力而将来会具备劳动能力者以及丧失劳动能力者。

（三）劳动力资源的概念

劳动力资源是指一个国家或地区在"劳动年龄"范围之内有劳动能力的人口的总和。

它是就人口资源中拥有劳动能力并且进入法定劳动年龄的那一部分而言的，它偏重劳动者的数量。按照《中华人民共和国劳动法》（以下简称《劳动法》）的规定，劳动力资源的年龄为男性16—60岁、女性16—55岁。在劳动年龄段内的人口是构成我国劳动者的主体，是人力资源的主体，代表劳动力的供给量。劳动力资源不包括尚未进入就业领域的学生、失业者，以及丧失劳动能力者。

（四）人才资源的概念

人才资源是指一个国家或地区具有较强的管理能力、研究能力、创造能力和专门技术能力的人的总称。它重点强调人的质量方面，强调劳动力资源中较优秀的那一部分，表明一个国家或地区所拥有的人才质量，反映了一个民族的素质。

人口资源、劳动力资源、人力资源和人才资源四者之间的关系如图1—1和图1—2所示。

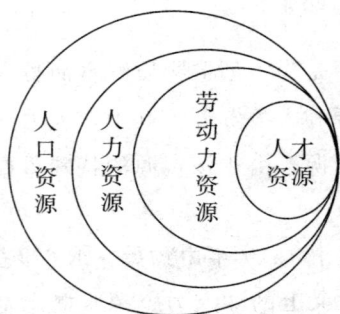

图1—1　人才资源四者的包含关系　　　　图1—2　人才资源四者的数量关系

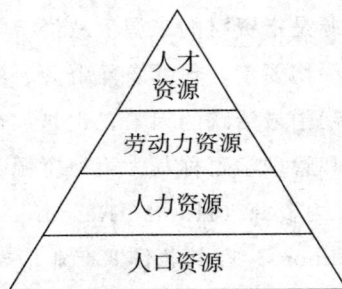

二、人力资源的特点

（一）能动性

人力资源是诸多生产要素中唯一具有能动性的生产要素，它在经济建设和社会发展中起到了积极和主导的作用。人的创新精神、创造能力始终是人力资源的精髓。

（二）再生性

人的本身、人的体能、人的知识技能具有再生性。人力资源的使用过程也是开发过程，人力资源能够实现自我补偿、自我更新、自我丰富、持续开发。人力资源开发具有持续性。

（三）增值性

人力资源可实现数量的增加和存量（人的体力、知识、经验和技能的提高）的增大。

（四）时效性

人力资源的形成、开发、配置、使用都要受其生命周期的限制。

（五）社会性

首先，人力资源的产生和形成存在于一定的人类社会形态之中；其次，人力资源的价值取向，受自身民族文化和社会环境的影响。这就要求人力资源管理注重团队的建设，注重人与人、人与群体、人与社会的关系及利益的协调与整合，倡导团队精神和民族精神。

（六）两重性

人力资源既有生产性，又有消费性。生产性是指人力资源是物质财富的创造者，为人类或组织的生存和发展提供条件；消费性是指人力资源的保持与维持相应要消耗一定的物质财富，它是人力资源本身生存和再生产的条件。

三、人力资源的构成

人力资源属于经济范畴，具有量的规定性和质的规定性。人力资源由数量和质量两个方面构成。人力资源作为一定人口总体中的有劳动能力的人口的总和，其总量表现为人口资源的平均数量与平均质量的乘积。

（一）人力资源的数量

人力资源的数量可以用绝对数量和相对数量两个指标来表示。

1. 人力资源的绝对数量

人力资源的绝对数量可以用被考察的国家或地区中具有劳动能力的人口数量来计算。从宏观上看，人力资源的绝对数量指的是一个国家或地区具有劳动能力并从事社会劳动的人口总数，即一个国家或地区的劳动适龄人口减去其中丧失劳动能力的人口，加上除劳动适龄人口之外具有劳动能力的人口。

2. 人力资源的相对数量

潜在人力资源的相对数量可以用人力资源率来表示，计算公式为：

人力资源率＝（计入潜在人力资源人口/被考察范围内的总人口）×100％

现实人力资源的相对数量可以用劳动力参与率来表示，计算公式为：

劳动力参与率＝（劳动力人口/潜在人力资源）×100％

一个国家人力资源绝对量的大小，是反映该国国力的重要指标。一个国家人力资源的相对数量则表明该国人均人力资源拥有量。作为一种相对国力的表示，它可以用来与其他国家进行比较，反映一个国家的发展程度及更深层次的社会经济特征。

3. 影响人力资源数量的因素

人口总量及其再生产状况。人力资源来自人口的一部分，因此，静态分析人力资源数量关键要看人口总量，动态分析人力资源数量的变化关键要看人口自然增长率的变动。人口总量和人力资源的数量，主要取决于人口出生率水平及其人口基数。

人口年龄结构及其变动。人口年龄结构对人力资源数量的影响表现在两个方面：一方面，在人口总量既定的条件下，人口年龄结构的变化直接决定人力资源的数量，即劳动适龄人口＝总人口×劳动适龄人口占总人口的比重；另一方面，劳动年龄组内部年龄构成的变动，制约着人力资源内部构成的变动。要改善人口年龄构成，需要调节人口出生率和自然增长率。

人口迁移。人口迁移主要包括三个方面：一是从农村向城市流动，从不发达地区向发达地区流动；二是人口迁移与人口的流动能力（知识、技能、健康、财富等）的强弱有关；三是国际人口迁移。

（二）人力资源的质量

1. 人力资源质量构成

人力资源质量是指人力资源所具有的体质、智力、知识、技能水平以及劳动者的劳动态度。人力资源质量的具体内容包括体质、智质、心理素质、道德品质、能力素养和情商六个方面。

关于现代人力资源的质量构成，有人提出了"十商"的说法，即德商、志商、胆商、灵商、心商、智商、情商、逆商、财商、健商。对于作为人力资源个体的人来说，提升"十商"，追求全面均衡发展，是其事业成功的基础。

2. 影响人力资源质量的因素

遗传、其他先天和自然生长因素。人类的体质和智能有一定的继承性，遗传从根本上规定了人力资源的质量，决定了人力资源水平的可能限度。

营养因素。营养是人体正常发育和正常活动的重要条件。

教育培训因素。教育是人类传授知识、经验的一种社会活动，是赋予人力资源一定质量的最重要手段，对人力资源素质有着决定性的影响。在先天遗传与后天教育中，后者对人的素质有更重要的影响。

第二节 人力资源管理的发展历程

一、国际人力资源管理的产生和发展

国际人力资源管理的演变，可以依照不同的时期和所依据的管理理论划分为以下几个发展阶段。

（一）经验管理阶段（1800—1900年）

经验管理阶段是人力资源管理思想的萌芽阶段，这一阶段处于工业革命时代。随着工业革命在欧洲的兴起，作为人力资源管理活动基础的工厂制度应运而生。它将一无所有的劳动力与工厂主和生产资料结合起来，使生产力迅速扩张。这一时期的劳工管理包括工人雇用、岗位调动、业绩考核、激励性的工资制度设定、纠纷处理与解雇工人等方面。这些管理思想基本上都以经验为主，缺乏严格的规章制度，以人治为主，注重对人的培养与能力开发，通常采用师傅带徒弟的方式，并没有形成科学的理论，但形成了人力资源管理的雏形。

（二）科学管理阶段（1901—1930年）

科学管理阶段是人事管理的初创阶段。19世纪末至20世纪上半叶，为了缓和激烈的劳资冲突，在工厂组织中较好地处理工人问题，诞生了科学管理运动与改善工作福利运动。人事管理源于科学管理运动和工作福利运动的融合。科学管理的代表人物是 F.W.泰勒（F.W.Taylor），人力资源管理的指导思想是"经济人"的人性观。"人力资源管理"在这一时期表现为"雇佣管理"，主张正确处理劳资关系，是以录用、安置、调配、退职和教育培训为中心的劳动力管理，出现了专门的人事管理部门，主要功能是招聘录用、雇用工人、协调人力和调配人员；通过工作分析，实现劳动方法标准化，制定劳动定额，推行计件工资制。

所有这些都标志着人力资源管理制度的初步建立。

（三）人际关系管理阶段（1931—1950年）

人际关系管理阶段是人事管理的反省阶段。20世纪初到20世纪中叶，人事管理的重点是改善员工关系。20世纪中叶，重点转移到协调企业管理者与工人的人际关系。从1924年开始到1932年结束的霍桑实验引发了人们对科学管理思想的反思，将员工视为

"经济人"的假设受到了现实的挑战。霍桑实验发现了人际关系在提高劳动生产率中的重要性，揭示了对人性的尊重、对人的需要的满足、人与人相互作用以及归属意识等对工作绩效的影响。改善企业内部的人际关系，满足工人作为"社会人"的需要，会显著提高工人的生产率。人际关系理论开创了管理中重视人的因素的时代，是西方管理思想发展史上的一个里程碑，揭开了人力资源管理发展的新阶段。此后，设置专门的培训主管、强调对员工的关心和理解、增强员工和管理者之间的沟通等人事管理的新方法被很多企业采用，人事管理人员负责设计和实施这些方案，人事管理的职能极大地丰富了。

（四）行为科学管理阶段（1951—1970 年）

行为科学管理阶段是人事管理的发展阶段。1950—1970 年，企业人事管理的重点在于协调员工关系。20 世纪中叶到 20 世纪 70 年代，企业人事管理的功能由于人际关系运动的推动受到了人们的重视，人们意识到人事管理的功能是管理活动的基本功能之一，它具有有效指导员工的行为、协调企业人际关系的重要作用。企业内部各项具体的人事管理工作，例如员工招聘、员工调动、工作评估等，都有了明确定义和具体内容。从人际关系时代到行为科学时代，人事管理的特点是：第一，从监督制裁到人性激发；第二，从消极惩罚到积极激励；第三，从专制领导到民主领导；第四，从唯我独尊到意见沟通；第五，从权力控制到感情投资，并努力寻求人与工作的配合。

（五）权变管理阶段（1971—1990 年）

权变管理阶段是传统人事管理向现代人力资源管理转变的阶段。自 20 世纪 70 年代中叶开始，企业的经营环境发生了巨大的变化，各种不确定性因素增加，权变管理理论应运而生。它强调管理的方法和技术要随企业内外环境的变化而变化，应当综合运用各种管理理论。人力资源管理也强调针对不同情况采取不同的管理方式，实施不同的管理措施。20世纪 70 年代，人事管理发生质的变化，具体表现在：第一，人性基本假定由 X 理论转向Y 理论，"以人为本"的人本管理思潮出现；第二，组织高层经理亲自过问有关人的管理工作；第三，对人事管理人员的素质、能力等要求提高；第四，对人力资源管理工作的投资增加；第五，重视管理者培训，人的管理培训是重点首选内容；第六，人力资源管理被提高到组织战略的角度考虑；第七，出现了对人力资源会计理论与实践的探索。

（六）战略管理阶段（1991 年至今）

在战略管理阶段，人力资源管理进入战略管理时代，确立了人力资源管理在企业中的战略性地位。从战略的角度思考人力资源管理问题，并将其纳入企业战略的范畴已成为人力资源管理的主要特点和发展趋势。战略性人力资源管理特征是：第一，人力资源管理部门能够直接参与组织的战略决策，重视决策的制定和选择过程，注重人力资源战略与组织整体战略以及职能战略之间的统一和协调，在组织的发展与变革中起着关键的协同作用；第二，组织结构具有较强的灵活性，在时间上注重较长时期内的变化和规划；第三，管理的对象和行为不仅包括传统人事管理中的普通员工，而且包括企业的各级管理者和各类专家；第四，重视外部环境对人力资源政策和措施的影响。

二、现代人力资源管理与传统人事管理的区别

传统的人事管理是以人与事的关系为核心，以组织、协调、控制、监督人与事的关系为职责，以谋求人与事相宜为目标的一种管理活动。现代人力资源管理是以人为中心的战略性管理，与传统的人事管理有着明显的区别，两者之间的主要区别如表1—1所示。

表1—1　现代人力资源管理与传统人事管理的区别

比较项目	现代人力资源管理	传统人事管理
管理视角	视员工为第一资源、资产	视员工为负担、成本
管理目的	组织和员工目标的共同实现	组织短期目标的实现
管理内容	以人为中心，工作重点为激发活力、开发潜能	以事为中心，简单的事务性工作
管理形式	动态的、全过程的、系统化管理	静态的、孤立的、分割式管理
管理方式	人本化管理，强调民主、参与	命令式、控制式，制度控制和物质刺激
管理策略	更注重长远目标，以及战术性与战略性相结合的管理	侧重近期目标，战术性管理
管理技术	追求科学性、艺术性	照章办事、机械呆板
管理体制	主动开发型，强调加强事前管理	被动反应型，多为事中或事后管理
管理手段	采用新技术，如计算机软件系统	手段单一，以人工为主
管理层次	战略决策层	操作执行层
部门定位	生产效益部门	单纯的成本中心，非生产效益部门
管理活动	重视培训，将开发潜能放在首位	重使用，轻开发
管理深度	劳资双方	员工

三、现代人力资源管理面临的挑战与发展趋势

（一）现代人力资源管理面临的挑战

1. 全球经济一体化的挑战

全球经济一体化指的是各国之间在经济上越来越多地相互依存，商品、服务、资本和技术越过边界的流量越来越大。在全球经济一体化过程中，作为全球经济一体化的必然产

物——跨国公司将面对不同的政治体制、法律规范和风俗习惯的冲击，但这些冲击同时又推动各种文化的相互了解与融合。此外，人力资源管理还面临类似如何组织国籍、文化背景、语言都不相同的员工共同完成任务，和管理制度与工作价值观迥然不同的组织如何沟通，各子公司如何相互协调，如何完成组织结构变革、组织制度调整、传统的人力资源架构和内容变革等问题。因此，企业必须转变观念，确立面向全球经济一体化的开发理念，建立相应的人力资源管理机制。

2. 技术进步带来的挑战

技术进步使企业更具竞争力，同时也改变了工作的性质。随着技术的进步，劳动力越来越多地从劳动密集型行业转移到技术密集型及知识密集型行业，对员工的素质提出了更高的要求。劳动密集型工作和一般事务性工作的作用将会大大削弱，技术类、管理类和专业化工作的作用将会大大加强，这将导致人力资源管理工作面临结构调整等一系列重大变化。

3. 组织管理模式改变的挑战

随着企业竞争的加剧，要求采取规模相对缩小且灵活开放的组织模式，使组织具有很强的适应性和竞争力。人力资源管理部门应帮助组织、组织的管理者和员工更快、更稳地适应各种变化。现代组织结构更加趋向于扁平化和虚拟化，现代企业要参与市场竞争，就必须具有分权性和参与性，以合作性的团体来开发新的产品并满足顾客需求。这就对人力资源管理提出了新要求：要求管理者从战略的高度重视人力资源管理与开发；要求人力资源管理部门建立良好的信息沟通渠道；要求对员工做到公平、透明，能对员工进行更为有效的激励，从而不断适应组织变革的需要。

4. 人力资源结构变化带来的挑战

首先，人力资源年龄结构呈现老龄化趋势，欧美国家老龄化问题尤为突出，而亚洲由于劳动力过剩，年轻劳动力的比例远远高于发达国家。相对来说，人才短缺仍然是世界各国普遍存在的问题。其次，人口数量的变化具有明显的地域差别。在欧美发达国家，由于经济文化、思想观念等因素的影响，人口的出生率普遍偏低，人力资源供应相对不足；在亚非国家，由于人口出生率没有得到有效的控制，人口出生率普遍偏高，人力资源相对供大于求。再次，高素质人力资源的流失以及妇女在劳动力队伍中的比例继续增长，使得如何吸引和留住企业所需人才成为人力资源管理者的一个重要课题。最后，员工对自身价值的认识也有了一定的提高，表现为员工不仅对物质层次的要求有了明显提高，更重要的是，在物质层次得到满足后，员工开始具有更高的需求层次，他们希望被尊重、被认可，他们希望参与组织管理并实现自身价值。

5. 文化多样性的挑战

全球经济一体化所带来的管理上的文化差异和文化管理问题，已成为人力资源管理领域的重要挑战。不同国家有着不同的文化，人们所遵循的基本价值观以及这些价值观在该国的艺术、社会活动、政治以及行为方式中的反映都是不同的。由于不同国家之间存在的文化差异，导致跨国公司在不同的分支机构中需要实施不同的人力资源管理方法。同时，文化差异也会影响人力资源管理的政策。实施跨文化管理和跨文化培训，克服组织内文化差异引起的文化冲突，是人力资源管理的一项重要职责。

（二）现代人力资源管理发展的新趋势

21世纪，人类进入知识经济时代。人力资源与知识资本优势的独特性成为企业重要的核心技能，人力资源的价值成为衡量企业整体核心竞争力的标志。人力资源管理面临各种力量的冲击和挑战，人力资源管理呈现新的发展趋势。

1. 人力资源管理将更加注重以人为本、能本管理的理念

知识经济时代是一个人才主权时代，人才具有更多的就业选择权与工作的自主决定权，人才不再被动地适应企业或工作的要求。吸纳、留住、开发、激励一流人才成为企业的核心竞争力。企业要"以人为中心"，尊重人才的选择权和工作的自主权，为人才提供人力资源的产品与服务，并因此赢得人才的满意与忠诚。随着知识经济和信息时代的到来，工业时代基于"经济人"假设的人力资源管理工具越来越不适应管理实践的发展，人力资源管理趋向于以"社会人""复杂人"为假设的人本管理。人本管理要求管理者注重人的因素，树立"人高于一切"的管理理念，并在管理实践过程中形成一种崭新的管理思想，即以人的知识、智力、技能和实践创新能力为核心内容的"能本管理"。"能本管理"是一种以能力为本的管理，是人本管理发展的新阶段。"能本管理"的本质就是尊重人性的特征和规律，开发人力，从而尽可能发挥人的能力，以实现社会、组织和个人的目标。

2. 人力资源管理将更注重知识型员工的管理

在知识经济时代，企业的核心竞争力是人才，而人才的核心是知识创新者与企业家。人力资源管理面临新三角：知识型员工、知识工作设计、知识工作系统。随着科技的进步与社会经济的发展，在主要发达国家，劳动和产业结构日益向"知识密集型"转化，知识型员工所占比重越来越大。人力资源管理要关注知识型员工的特点，其重点是如何开发一个与知识型员工管理相互匹配的人力资源管理体系。当前，对知识型员工的管理主要存在的问题有：授权赋能与人才风险管理问题；员工的成就欲望、专业兴趣与企业目标相一致，建立企业与员工之间的忠诚关系问题；工作设计上的弹性管理与流程控制的和谐问题。

3. 人力资源管理部门的战略地位将进一步提升

20世纪90年代初的一项调查表明：人力资源管理部门已成为促使企业成功的关键部门，这种现象在21世纪有继续发展的趋势。在未来的发展中，企业的人力资源管理应当和企业的整个发展战略密切联系起来。人力资源管理部门的地位不仅是企业的"战略伙伴"，而且将被提升到企业发展的"战略先导"地位。人力资源管理部门扮演着经营者、

支援者、监督者、创新者、适应者五种角色。人力资源管理部门逐渐成为能够创造价值并且维持企业核心竞争力的战略性部门。人力资源部门的工作重点：一是为企业发展战略的制定和实施出谋划策、制定方案；二是创建企业文化。

4．人力资源管理的全球化、信息化、虚拟化

人力资源管理的全球化主要表现在人力资源管理战略的全球化、人力资源管理者全球化和全球化企业文化建设三个方面。人力资源管理信息化是指基于计算机技术的发展和已开发的软件所提供的平台，借助互联网络及其资源实现对企业员工的管理。信息化的人力资源开发与管理的优势是：提高了人力资源管理的质量和效率；降低了企业人力资源管理的成本；使人力资源管理全球化得以实现。随着信息技术的发展和专业化分工的日益完善，人力资源管理部门的各项业务存在虚拟化管理的趋势。一些公司已逐渐将相对固化和趋同性较强的人力资源管理职能外包给专营公司或专业咨询公司，以集中企业优势资源发展核心竞争力。人力资源外包是指将组织的人力资源管理活动委托给组织外的公司承担，其内容主要包括招聘、培训、薪酬和福利等方面的方案设计以及具体实施。人力资源管理外包的原因是组织内部投资结构和工作量经常变化。

5．人力资源管理的专业化、柔性化、扁平化

人力资源管理专业化是指高度专业化的职能专员负责人力资源管理的主要环节。在西方发达国家规模较大的组织机构中，分别有负责定岗、招聘、薪酬、培训、劳资关系等方面的人力资源开发与管理专员，专门的分工与细致程度一般与组织规模成正比。负责不同业务的专员需要不同的知识和技能，其知识水平的高低和经验的多寡决定了各项人力资源管理工作质量的优劣。人力资源管理的柔性化也就是在人力资源管理的过程中要体现出"和谐、融洽、协作、灵活、敏捷、韧性"等柔性特征。人力资源的柔性管理是在尊重人的人格独立与个人尊严的前提下，在增强广大员工对企业的向心力、凝聚力与归属感的基础上，所实行的分权化管理。进入 20 世纪，精简中层，使组织扁平化成为一种潮流。人事协调复杂化是由办公分散化等引起的，互联网使分散化办公成为可能。但分散化办公会增加人力资源开发与管理的难度，这无疑是对人力资源开发与管理者的一种挑战。

6．人力资源管理更加注重企业文化、价值观念和道德修养

随着经济全球化和人力资源流动趋向国际化，组织内宗教信仰不同、民族和种族不同的员工一起工作已司空见惯。所有这些都会形成组织内文化的多元性，导致不同价值观的冲突与对立。但是，知识型管理和全球网络化经营需要不同文化、不同价值观的整合与共享。人力资源管理部门必须主动协调这些因不同文化、不同价值观引起的冲突，使来自各个国家或地区、各个民族的员工愉快相处、共同努力，以实现组织目标。人力资源管理的任务就是正确地揭示企业价值的内涵并有力促成其传播，尊重员工个人价值并有效整合组织伦理价值。随着人力资源管理面临的问题在数量和复杂性方面的增加，在实际工作中，道德规范方面的压力和挑战也随之增加。道德规范方面引起的根本问题是有关公平、公

正、诚实和社会责任等问题。如何解决人力资源管理中的道德问题，已经成为人力资源管理必须研究的一个重要领域。

第三节　人力资源管理的基本内容

一、人力资源管理的概念

人力资源管理（Human Resources Management，HRM）最早于 1958 年由社会学家 E.怀特·巴克（E.Wight Balkke）提出。他将人力资源管理视为企业的一种普通的管理职能。其后，国内外众多学者从人力资源管理的目的、过程、主体等方面阐释此概念。我们认为，人力资源管理是指企业为实现组织的战略目标，对人力资源的获取、开发、保持、利用、评价与激励等方面所进行的计划、组织、指挥、监督、激励、协调、控制等活动。

人力资源管理的基本任务是根据企业发展战略要求，吸引、保留、激励与开发企业所需人力资源，促成企业目标实现，从而使企业在市场竞争中得以生存和发展。具体表现为求才、用才、育才、激才、护才、留才。与人力资源管理基本任务相对应，人力资源管理具有获取、整合、奖酬、调控、开发和维护六大职能。

二、人力资源管理的主要活动

（一）人力资源管理主要活动的内容

人力资源管理的主要活动是指组织中人力资源管理人员所从事的具体工作环节，主要包括以下几项。（1）人力资源规划。（2）工作分析与工作设计。（3）招聘管理。（4）培训与开发。（5）职业生涯管理。（6）绩效管理。（7）薪酬与福利管理。（8）劳动关系管理。

（二）人力资源管理各项活动之间的关系

人力资源管理系统是由人力资源管理活动过程中的一个个紧密相连的管理环节构成的，既体现了实现人力资源管理目标的主要方式，又体现了人力资源管理的主要内容。企业人力资源管理的各项活动相互联系、相互影响，从而构成一个有机系统。

三、人力资源管理部门结构及职责分工

（一）人力资源管理部门结构

人力资源管理部门结构是指人力资源管理部门内部的组织机构设置，通常根据人力资

源管理部门的主要活动来设计工作岗位。人力资源管理部门的传统组织结构往往是按照直线职能制来设置的。

1. 典型的人力资源管理部门结构

小型企业一般不设置独立的人力资源管理部门，通常与其他部门（行政部门、办公室）合并办公来处理人力资源管理事务，企业没有正式的人力资源管理专家，人力资源管理工作重心放在招聘和培训员工以及档案和薪酬管理等事务上。当企业达到一定规模后，一般都会设置独立的人力资源管理部门，部门中拥有人力资源管理专家或通才；在某些人力资源管理的职能方面出现专业化的分工；出现了专门负责人力资源管理的高层领导。当企业达到超大型规模时，其人力资源管理部门设置会较为复杂，分层分级较多。

2. 新型的人力资源管理部门结构

近年来，随着流程再造思想的普及，以及计算机和网络技术的发展，人力资源管理部门的架构也发生了变化，出现了以客户为导向、以流程为主线的新型组织结构形式。人力资源管理部门以服务提供者的身份出现，内部建立服务中心、业务中心和专家中心三类机构，相应地将内部工作人员划分为三类：一是服务中心人员，主要完成一些日常事务性的工作，如手续的办理、政策的解答和申诉的接收等，人员素质要求相对较低。二是业务中心人员，主要完成人力资源管理的各种职能活动，如招聘、薪酬和培训等方面，人员素质要求相对较高。三是专家中心人员，专家中心是人力资源管理部门的研发中心，主要负责出台相关的制度政策，向其他部门提供有关咨询等。专家中心的人员素质要求最高，必须精通人力资源管理的专业知识，应当是该领域的专家。

（二）人力资源管理部门的人员类型

在人力资源管理部门中，通常有四种类型的人员，他们分别是支持型人员、专家、通才和高级行政经理。

1. 支持型人员

该类人员的工作主要是文书性质的，包括打字员、职员和接待员。他们的工作内容主要包括收集数据，保持有关记录。从事这类工作的员工通常应当具有高中或技校的学历。

2. 专家

专家具体从事一定专业领域的管理活动，工作性质是职业/技术型，包括招聘与录用，培训与开发，薪酬与福利，劳动关系，职业卫生、安全和保障等领域。这些领域的专家要求受过正规的有关人力资源的大学级别训练，也有一些可能来自支持性工作人员的提升。从事这类工作的人员要求具有多方面的工作技能和承担多种工作责任。

3. 通才

通才负责对人力资源管理领域的全部或大部分相关职能进行管理和协调。对通才的要求是善于应付突发事件，并且能将公司政策和有关人力资源管理的知识应用于对具体事件的管理。通常，通才能为直线经理提供必要的服务和建议，以解决其人事问题。

4. 高级行政经理

他们负责协调高级管理层中人事职能与其他参谋、直线职能的联系，向不同的人力资源管理职能机构分配资源。高层人事经理也参与企业总体目标与战略的决策，并向其他高层管理者提供有关人力资源利用状况的报告。

（三）人力资源管理部门的职责分工

人力资源管理职责是一种职能性责任，但不由某个部门独自承担。在现代企业中，人力资源管理活动由企业人力资源管理专业人员（包括人事经理或主管）和各项业务主管（直线部门经理）同时完成。

四、人力资源管理者的角色和技能要求

（一）人力资源管理者的角色

人力资源管理者在一个企业构成要素中最具潜力和活力，在一个企业中发挥着战略性的作用。优秀的人力资源管理者要帮助企业创造独特的竞争优势，需要扮演以下角色。

1. 人力资源管理者是企业战略规划的参与者

人力资源管理者参与组织战略的分析、决策与制定，基于组织战略制定人力资源战略规划，保证人力资源管理机制与组织战略的纵向一体化对接、人力资源管理各功能模块的横向系统化匹配，并致力于从战略角度进行各类人才队伍的开发与建设，实现组织战略达成与员工职业成功的双赢。

2. 人力资源管理者是企业的业务伙伴

人力资源管理者以业务需求为导向，参与推动业务流程的优化，为业务部门提供合适有效的人力资源管理工具和解决方案，建设与业务部门有机协同、长效互动的人力资源管理工作机制，开发与提升直线管理者的领导力和人力资源管理能力，推动建设高效和谐的业务团队，解决业务运转中与人有关的问题，从而推动业务发展，成为业务伙伴。

3. 人力资源管理者是企业员工的支持者

人力资源管理者既要对股东负责又要对员工负责，所以任何人力资源管理者在整个价值判断体系之中必须具有平衡各种相关利益的能力。过去的职业经理人只需要对股东负责就行了，现在就必须站在股东、客户、员工的立场上，从多维的角度为企业发展提供系统的人力资源解决方案。人力资源管理者应建立并维护和谐的员工关系，设计实施员工利益的保障机制，维护员工的各项合法权益；帮助员工进行职业生涯规划，提供有益的职业发展指导；关注员工的身体与心理健康，采取有效举措维护员工工作与生活的平衡，提高员工满意度，增强员工忠诚感。

4. 人力资源管理者是企业变革的推动者

一个企业组织的变革、流程的变革，从深层次来讲是人的思维方式、人的价值观、人

的行为理念的变革，它需要靠人力资源管理制度的创新来推动变革的实施，所以在企业变革中，人力资源管理者应参与和推动组织变革，建立和推广变革文化与变革理念，参与建设组织的变革流程与方式，进行有效的变革沟通，妥善处理组织变革过程中的各种人力资源问题，强化和提高员工对组织变革的认同感与适应能力。

5. 人力资源管理者是企业的知识管理者

战略性人力资源管理的实质就是知识管理。要把人力资源转化为自身企业核心竞争力，最终要靠知识。人力资源管理的转化过程就在于知识的储存、知识的应用、知识的创新。人力资源管理者应培育学习型组织和共享文化，推动组织管理信息系统的建设、优化和维护，积累、转移和整合组织内外的各类知识和智力资源，促进个体知识的组织化、隐性知识的显性化（标准化）、外部知识的内化以及组织知识的共享化，提升组织的学习与创新创造能力。知识管理是与组织学习、企业创新、企业信息化结合在一起的，人力资源管理与整个知识体系的紧密结合，已成为人力资源管理未来发展的一个重要课题。

6. 人力资源管理者是企业人事业务的精通者

人力资源管理者精通企业人事业务，是人事业务的专家，这是人力资源管理者最基本的角色。人力资源管理者应当成为本企业在人力资源管理的基本理论和方法上造诣较高的专业人才，熟悉组织或企业人力资源管理的流程与方法，了解政府有关人事法规政策，能够掌握和运用人力资源管理的系统知识与专业技能，为企业有效建立和推动实施包括人力资源规划、招聘选拔、培训开发、绩效管理、薪酬管理、职业生涯管理及员工关系管理等在内的人力资源管理专业功能模块、制度和方法，提高组织人力资源开发与管理的专业性和有效性。

（二）人力资源管理者的技能要求

人力资源管理角色的演变对人力资源管理者，特别是对企业的高层人力资源管理者提出了更高的要求，要求他们成为"人员方面的专家"，成为企业战略管理过程的伙伴。人力资源管理者既要了解专业知识，进行人力资源战略规划和操作人力资源管理具体工作，又要学会沟通，把人力资源的产品和服务推销给各层管理者以及员工。人力资源管理的专业人员应该具有五种基本技能：较强的交际能力、敏锐的观察能力、良好的协调能力；果断的决策能力和综合分析能力。而战略性高层人力资源管理者的技能要求应包括：专业技术知识、管理变革能力、经营能力。

第二章　人力资源战略概论

第一节　人力资源战略概述

一、人力资源战略与规划的概念

（一）人力资源战略的概念

1. 企业战略管理

在讨论人力资源战略之前，我们应首先对企业战略有一个明确的概念。企业战略就是确定企业的目标和方向，并采取一定的行动实现这些目标。企业战略管理是一个过程，是将企业的主要目标、政策和行为依次整合为一个有机整体的过程。战略管理的过程至少可以划分为五个基本的步骤：

（1）定义企业的宗旨和使命。其中包括说明企业共同的价值观，企业为什么要存在等内容。企业的宗旨和使命一般包含下列内容：①确定企业所要服务的特定的相关利益群体；②确定满足这些相关利益群体的行动，如强调为员工发展提供机会，为社会提供就业机会等。

（2）考察企业经营的外部环境。这是指对影响企业实现其宗旨的技术、经济、政治以及社会力量进行系统分析。

（3）评价企业的优势和劣势。分析的重点在于企业内部资源相对于竞争对手而言具有哪些明显的优势，同时受到哪些关键因素的制约。

（4）确定企业的发展战略目标。在对影响企业的外部环境和内部资源进行分析后，下一步就是要确定企业战略目标。波特将企业战略划分为成本领先、差异化和集中战略。企业根据自身情况和外部环境分析结果，可以选择一种适合自身的战略。与此同时，企业也需要确定中短期发展目标，包括企业的销售额、利润、预期的资本收益率以及企业在客户服务和员工发展等关键领域的目标。

（5）制定企业战略及其行动方案。波特将企业战略划分为成本领先战略、差异化战略和集中战略。企业根据自身情况和外部环境分析结果，可以选择一种适合自身的战略。企业还应该考虑在企业结构、人力资源、财务、营销等职能方面做出怎样的改进，采取什么样的政策和方案，以实现企业的战略目标。在此阶段，企业开始对人力资源进行战略性考虑。当企业的最高管理层制定企业战略及其行动方案，并对员工招聘、选拔、发展和奖励等有关事项进行思考时，就为企业的人力资源战略与规划奠定了基础。

2. 人力资源战略

人力资源作为与市场营销、财务会计、生产制造并列的子系统，对企业总体战略的实现具有重要的意义。然而在现实中，企业战略与人力资源战略之间存在很大的不一致性。例如，企业在实行成本领先的企业整体战略时，可能会通过采取降低劳动力成本的措施来达到成本最小化的目标，而企业为了降低成本而进行裁员时，又会与企业人力资源管理强调对员工的收入稳定、个人发展以及为社会就业负责的承诺相悖。再如，企业战略可能是鼓励产品的创新和技术在市场上的领先，而企业的人力资源管理采取的却是成本导向战略，这时企业的人力资源管理对企业整体目标的实现所起的不是促进作用，而是会制约企业战略的实现。总之，在人力资源成为企业竞争力来源的今天，人力资源战略与企业战略的匹配对企业目标的实现具有关键的意义。

（二）人力资源规划的概念

《现代汉语词典》对"规划"一词的解释是：规划作为名词的释义是指比较全面的、长远的发展计划，规划作为动词的释义，就是做规划。人力资源规划（Human Resource Planning）也称人力资源计划。关于人力资源规划的定义，国内外不同学者的观点分歧很大，布鲁姆克（Bloomke）认为，人力资源规划是在适当的时间和地点，雇用适当的员工人数和员工类别，以使组织和个人获得最大的长期效益。本·怀特（Ben White）认为，人力资源规划是考量组织和企业的未来形态，然后将人力资源需求与企业发展情况相结合。杰弗里·A.梅洛（Jeffrey A. Mello）则认为，人力资源规划是将整个企业的战略创新活动转化为一个实用的计划，用这个计划来确定为实现各个战略目标而需要的人员。同时，人力资源规划还是所有具体人力资源计划和政策的蓝图。

国内学者张德认为，人力资源规划是人力资源战略实施计划的具体体现，是一种可直接操作的计划。董克用等认为，人力资源规划是指在企业发展战略和经营规划的指导下使人员供需平衡，以满足企业在不同发展时期对人员的需求，为企业的发展提供合适的人力资源保证，其最终目标是达成企业的战略目标和长期利益。

综合各派观点，结合对企业人力资源管理的研究，本书给出定义如下：人力资源规划是指在企业战略的指导下，根据人力资源供需分析，将宏观的人力资源战略转化为在未来一个时期实用的、可指导管理职能活动的人力资源行动计划的过程。按照层次，可以将人力资源规划划分为对人力资源战略实施进行整体安排的人力资源战略规划和将战略规划具体化为可操作计划的人力资源业务规划。

二、人力资源战略与规划的产生和发展

（一）人力资源战略与规划的发展阶段

人力资源战略与规划已经经历了几十年的发展。早年的人力资源战略与规划在内容和形式上都是比较简单的。虽然有些领先的企业已经制定了人力资源战略与规划，但是绝大多数企业的人力资源战略与规划活动还处于探索阶段，往往强调的只是人员的供给与需求预测、人力资源的配置以及人力资源战略与规划的制定等单一的行为。企业的人力资源战略与规划还没有形成一套系统的、专门化的职能。此外，企业在单纯强调人力资源战略与规划的同时，没有很好地根据企业的战略制定企业的人力资源战略，也没有在人力资源战略的指导下制定人力资源的规划。一般来讲，人力资源战略与规划的发展经过了萌芽阶段、产生阶段、发展阶段和成熟阶段。下面从历史发展的角度分别探讨企业人力资源战略与规划的各个阶段的特点和内容。

1. 人力资源战略与规划的萌芽阶段

自现代工业社会产生以后，劳动力就成为与资本、土地并列的基本生产要素之一。在资本主义发展的早期阶段，由于资本是主要制约企业发展的生产要素，因此资本家在考虑生产时，首先需要考虑的要素就是资本的缺乏。相对于资本而言，劳动力在市场上是相对过剩的资源。劳动力的过剩和价格的低廉使得企业非但没有产生对人力资源战略与规划的需求，反而对劳动力的管理采取了一种随意的态度。资本家对人事管理的不重视直接导致企业中劳资双方关系的严重对立，这突出表现在雇主和工人之间的矛盾和冲突、工人就业的无保障和工人在岗位上的"磨洋工"等问题。由于劳动者地位低微，雇主对企业的人事管理采用了一种任意的、独断专行的、非系统化的方式。在资本家的眼中，工人只不过是一件普通的商品，在其利润最大化的目标函数中，劳动力与其他生产投入要素的地位一样。在绝大多数的企业中，最高管理当局把所有的人事管理权诸如招工、开除、定薪、提职和分配工作等统统下放给负责车间或部门工作的工头，一般而言，工头在这些问题上具有决定权。他们的任务是用最少的单位成本生产最多的产品。为了完成这一任务，工头采用的是高压驱动手段，他们将工人看成是完成任务的工具。这种简单的管理方式在当时之所以有效，是因为市场上有大量的劳动力剩余，且工人完成工作并不需要特殊的技能。这时的企业基本上没有人力资源战略与规划的职能。

2. 人力资源战略与规划的产生阶段

在 19 世纪末期之前，美国大部分劳动力从事的还是农业劳动。非农业部门，例如制造业、采矿业和建筑业，一般都是小规模经营，雇用的都是具有某种手艺的工匠，使用的是手工工具，由小业主兼管理者经营。但是到 19 世纪末期，工业部门发生了重大变化。大多数产业中从事制造业的工厂的平均雇员人数翻了两番，同时企业中的生产过程也发生了重大变化，机器代替了手工工具，半熟练和非熟练的操作工及流水线工人代替了传统的工匠，标准件和相互替换件取代了特制件。最后，越来越多的工厂采用所有权和经营权分

离的现代企业制度，从而形成了一个专门从事企业日常经营活动的管理者阶层。

当时由于现代管理技术和标准化流水线还没有在社会上得到广泛的应用，企业的生产效率还不是很高，生产出来的产品还未能满足人们的需求，也就是说，雇主提高生产效率的唯一方法是延长工人的劳动时间，降低工人的报酬，而这样的生产效率的提高是建立在员工损失的基础之上的，这样直接导致企业内部劳资关系的对立。在这样的形势下，泰勒发起了科学管理运动，工业心理学家闵斯特伯格试图采用工业心理学的原理和方法促进工业效率及工人对工作的满意程度的提高。在这一阶段，由于福特的标准化生产流水线的发明，产品从传统的低效率生产转变为高效率的标准化生产。企业规模的扩大和生产技术的革新，使得劳动分工、专门化、职能制、员工选拔、绩效考核等管理技术在企业中被广泛应用。由于企业对生产效率的重视和熟练工人的缺乏，企业人力资源规划的一些主要职能已经产生，如进行人力资源供给和需求的预测，以及根据人力资源供给和需求的差距制定人力资源规划政策。但是，在这一阶段，还没有形成一整套系统的人力资源规划理论。企业人力资源规划的重点也只是如何从市场上获得熟练工人和通过各种人力资源管理措施提高工人的工作效率。

3. 人力资源战略与规划的发展阶段

20 世纪 60 年代以后，科学技术的迅速发展和企业规模的迅速扩大导致了社会对高级人才的更大需求。在这一阶段，由于人口中中青年男性劳动力和科学工程与技术人才严重短缺，人力资源战略与规划开始在企业人力资源管理中占据一个非常重要的地位。企业人力资源战略与规划的重点开始放在人才的供需平衡，尤其是管理人员以及专业技术人才的供需上。人力资源战略与规划被定义为"管理人员将企业理想的人力资源状态和目前的实际状况进行比较，通过各种人力资源管理措施，让适当数量和种类的人才在适当的时间和地点，从事使企业与个人双方获得最大的长期利润的工作"。在这个概念中包含人力资源战略与规划的五个步骤：确定企业的目标和计划—预测企业的人力资源需求—评价企业人力资源存量状况及企业人力资源供给状况—确定企业的净人力资源需求—制定适当的人力资源战略与规划方案。这是一个线性的过程，在这个过程中，企业根据过去的人力资源状况预测未来的人力资源需求和供给，并制定人力资战略与规划。在这一时期，对人力资源战略与规划的普遍看法是企业预测其未来的人力资源需求，预测其内部或外部的人力资源供给，确定供求之间的差距，并根据预测结果制订企业的招聘、选拔和安置新员工方案，员工培训和开发方案，以及预测必要的人员晋升和调动方案。

20 世纪 70 年代，由于美国新法律的出台和各种政府政策的制定，企业人力资源战略与规划需要考虑反优先法案和其他各种有关人事法案。各种法律和制度的制定限制了企业的雇佣行为、员工福利和安全保护措施。在这样一个高度动荡的年代，美国企业的管理者花费了大量的时间和精力去对付能源危机、妇女解放运动、种族仇视以及企业发展停滞等问题，这些都消耗了企业的大量利润，产生了大量成本。但是在这一阶段，人力资源战略与规划被广泛地作为大企业和政府企业的一种关键人事管理活动。一方面，人力资源战略管理与规划极大地扩展了职能范围，而不再仅仅局限于对企业人才进行供求预测和平衡。

"人力（manpower）"一词由于具有性别歧视的含义被弃而不用，而"人力资源（human resource）"成为一个时髦的词语被广为应用。另一方面，"人力"也含有企业将员工视为一种费用和成本的意思，而"人力资源"则将员工视为企业获取利润的源泉，是企业的资源和资本。1977 年，在美国成立的人力资源战略与规划学会标志着人力资源战略与规划作为企业人力资源管理的一项职能已经产生。1978 年，在亚特兰大的第一次人力资源战略与规划学会大会上，人们对人力资源战略与规划的看法已经非常系统和成熟，认为它不仅包括传统的需求与供给预测，而且包括人力资源环境分析、人力资源预测和规划、员工职业计划和发展、员工工作绩效、企业设计和其他方面。

这一阶段，由于人力资源战略与规划职能的扩展，已经有一些企业开始在制定人力资源战略与规划的过程中既考虑企业战略和人力资源战略，又考虑各种人力资源的行动方案，制定人力资源战略与规划配套体系。但显然无论从理论还是实践来看，许多关键的问题还没有得到解决，人力资源战略与规划作为一个体系还没有形成。

4. 人力资源战略与规划的成熟阶段

20 世纪 80 年代以来，企业开始对以前的多元化战略进行反思，缩减企业规模，采取多次裁员和提前退休的政策。一方面，很多企业实行分权管理，降低管理费用，争取变成精干型企业，这导致相当多的人才转移。企业的变革也使得企业与员工之间形成的心理和社会契约发生了巨大的变化。另一方面，人们对职业规划、弹性工作安排以及绩效工资更加重视。由于很多企业倾向于努力减少正式员工的数量，而更愿意雇用兼职员工和短期合同员工来满足企业的需要，这种情况导致企业临时劳动力快速增加。面对这样的形势，企业人力资源战略与规划的重点变成强调高层管理者的培养与交接计划、人员精简计划、企业重组、兼并与收购计划，以及企业文化变革等。

由于企业面对的经营环境变化越来越快，企业战略在企业经营中的重要性越来越凸显出来，而人力资源战略作为企业战略的一个组成部分也越来越重要。企业开始使用一些工具和技术确定企业的人力资源战略，并将人力资源战略与人力资源规划联系起来，从而在不同的人力资源战略下使用不同的规划工具，进行不同的规划活动。在此之前，人力资源战略与规划作为企业人力资源管理的一项独立的职能活动，可能与企业经营的外部环境不匹配，或者与企业人力资源管理的其他职能性活动如招聘、薪酬管理等发生冲突。在将人力资源规划与人力资源战略联系起来以后，企业能够根据企业的经营环境制定人力资源战略，从而在统一的人力资源战略下制定一致的人力资源管理职能。这也就是人力资源战略通常所说的两个一致性，即外部一致性和内部一致性，或水平一致性和垂直一致性。人力资源规划与人力资源战略联系在一起，根据明确的人力资源战略制定人力资源规划，标志着企业成熟的人力资源战略与规划管理职能的形成。

（二）人力资源战略与规划的意义和作用

1. 人力资源战略与规划的意义

人力资源战略与规划的意义主要体现在：

（1）有助于企业适应变化的环境

环境的变化需要人力资源的数量和质量做出相应的调整。任何一个企业，不管它是公有的还是私有的，也不管它的规模和战略如何，都要经历环境变化的考验。

（2）有助于及时填补职位空缺

企业中经常会出现职位空缺的现象。对于规模比较小的企业来说，可以在空缺实际出现后再设法补上，但是，对于规模比较大的企业来说，就应该事先进行人力资源的规划和预测。其原因首先是在规模比较大的企业中，员工分工明细，工作的专业化程度比较高，新进员工的适应期比较长；其次是规模比较大的企业的职位空缺数额也比较大，要做到及时填补，必须提早准备。

（3）有助于新员工尽快胜任工作

在流动率比较高的情况下，企业的人事部门就必须在很短的时间内匆忙地招聘大量的新员工，这很容易导致录用标准的下降。结果是招收了很多工作不稳定的年轻员工，这又会造成以后的流动率上升。在离职率居高不下的情况下，应该简化工作，目的是缩短最低训练时间，使新员工能够在尽可能短的时间内胜任工作。

（4）有助于稳定生产

现代大工业生产在很多情况下都属于连续性的作业，其主要特征就是生产水平稳定，因而也就要求劳动力水平稳定。通过人力资源规划，达到新招收的员工数量等于离职的员工数量，可以保持劳动力数量稳定。

（5）有助于减少未来的不确定性

如果没有变化就不需要计划，计划可以帮助企业更好地应对变化。企业面临的市场竞争环境的变化给企业的决策带来了不确定性，为了克服这些不确定性可能给企业未来的经营带来的消极影响，企业的人力资源管理部门就必须建立相应的招聘政策、培训政策和员工生涯发展政策。人力资源部门在制订计划的时候，还应考虑到计划期的长短。短期计划指的是一年和一年以内的计划，长期计划指的是三年和三年以上的计划。到底是应该制订短期计划还是长期计划取决于企业面临的不确定性的大小。E.H.伯瑞克和 N.J.马西斯（E. H.Burack&N.J.Mathys）早在 1987 年就提出了不确定性大小的影响因素及其与计划期长短之间的配合关系。

2. 人力资源战略与规划的作用

人力资源战略与规划的作用可以分为以下两大方面：一是对企业战略方面的贡献；二是对人力资源管理职能自身的贡献。

（1）人力资源战略与规划对企业战略方面的贡献

①帮助企业识别战略目标。由于企业所处的内外环境是不断变化的，企业的战略目标也需要不断调整。人才竞争是未来竞争的焦点，企业必须认识到，那种需要什么人才就能找到什么人才的前提已经不再适用于未来的环境。因此，人力资源战略与规划有助于企业认清企业目标的变化和人力资源现状，通过分析预测人力资源的供求状况，制定相应的规划，使得企业的战略目标更具有预见性，从而提高对环境变化的适应能力和企业的竞

争力。

　　企业的战略目标必须分解为更具体的目标体系，在采取有效的资源保障和配置以及有效的激励和约束的条件下，才能得以实现。人力资源战略与规划不仅可以在人力资源战略目标下，通过计划把资源集中到与企业目标最一致的产品和服务中去，还可以通过计划的制订、实施和评估、反馈，保证政策的连贯性和一致性。

　　②企业战略目标的实现提供人力资源的保证。人力资源计划在明确企业战略的要求后，要预测人力资源的供需缺口，采取相应的措施，平衡人力资源的供给与需求，确保企业目标的实现。

　　③提高员工工作生活质量。人力资源战略与规划可以使企业员工看到未来企业各层面的人力资源需求，从而参照企业人力资源的供给情况来设计自身的职业生涯发展道路，这对提高员工的工作生活质量来说是非常有益的。

　　(2) 人力资源战略与规划对人力资源管理职能自身的贡献

　　①人力资源战略与规划是人力资源开发与管理部门各项业务开展的基础。

　　人力资源战略与规划要对企业现有的人力资源能力进行分析，还要对员工预期达到的能力与要求进行估计和分析，找出现状与理想状态的差距，并以此为基础制定人力资源各项业务活动的目标。一般情况下，人力资源战略与规划所设定的目标就是考评人力资源部门的业务活动如招聘、考评、培训、工作系统设计等的标准。

　　②合理利用人力资源部门的资源。人力资源开发与管理部门的各项业务活动需要耗费人力、物力、财力等有限资源，合理的规划有助于提高效率，降低成本。例如，人力资源战略与规划可根据企业对人力资源的数量、质量需求，以及人力资源的供给状况，决定员工培训的参加人数、范围与内容，并决定培训的投资额度等，达到以最小的成本获得最大效益的目的。

　　③提高人力资源管理部门业务活动的工作质量。完善的人力资源战略与规划，具有统一人力资源管理各个业务部门思想和行动的作用，能够统筹各部门的工作思路，促进相互业务衔接，而且还可以加强对部门的监督，从而提高人力资源管理各部门的工作效率。

第二节　企业人力资源战略环境分析

一、人力资源环境分析概述

(一) 人力资源环境分析的意义

　　随着 21 世纪的到来，人力资源管理的内外环境正在发生巨大的变化，如经济全球化、技术变革、劳动力的多样化、顾客需求的变化等。许多问题成了企业瞩目的焦点，如质量、组织的再设计、流程再造、核心能力、培训等。归根结底，在这些问题的背后是一个人力资源问题，如何制定人力资源战略以及进行人力资源规划呢？首先要对人力资源环境进行分析。

人力资源规划的第一步就是对企业内部和外部环境的变化做出评价。人力资源环境分析是企业制定人力资源战略、进行人力资源规划的基础。人力资源环境分析可以与企业在制定企业战略时的环境评价同步进行，也可以只针对人力资源规划而单独进行。其中有两点是确定的：人力资源环境分析和企业经营环境分析的内容和方法大体是一致的，只是由于应用目的不同而导致侧重点不同；人力资源环境分析可以吸取企业经营环境分析的精华。人力资源环境分析从长期来看，能够帮助企业识别所面临的人力资源方面的挑战，为企业的发展提供人力资源保障。企业唯有适应环境的变化，才能求得自身的生产与发展，所以，人力资源环境分析作为一项基础性工作，对处于变化迅速的动态环境中的企业非常重要。

（二）人力资源环境分析的原则

在进行人力资源环境分析时，不同的人面对一个相同的环境，采用相同的方法和步骤也可能会得出相差比较大的结果。因此，我们在进行人力资源环境分析时要把握以下原则：

1. 客观性

环境是企业赖以生存和发展的客观条件，如果第一步在取得信息的过程中产生了失真，基于此信息的分析就很难制定出恰当的人力资源规划。客观性的保证来自获取信息的客观性。现在许多统计资料与现实有一定的出入，在使用之前，可以先做一定的调整。同时，从事人力资源环境分析的人要改善自己的心智模式。心智模式是深埋在人们心中，影响人们了解世界以及如何采取行动的许多假设、成见，甚或图像、印象等。每个人都有自己的心智模式，从事人力资源环境分析的人不妨想想自己在根据一些情况得出某些结论时是不是用了一些自己的假设，这些假设是否符合所分析的特定情况。

2. 系统性

人力资源环境分析的对象是一个系统，其中许多外部因素之间、内部因素之间、内外因素之间是相互影响的；同时，人力资源环境分析服务的对象即人力资源战略和人力资源规划也具有系统性的特征。因此，在进行人力资源环境分析时要注意各方面的联系和相互作用。

3. 未来性

虽然人力资源环境分析是以过去和现在为依据的，但其着眼点是企业未来的生存和发展。因此，在进行人力资源环境分析时，尤其要重视未来可能影响企业人力资源状况的各方面情况。

（三）人力资源环境分析的内容和步骤

企业人力资源环境分析的对象一般可从以下三个层次展开：宏观环境，包括政治、经济、社会文化和技术等几个方面；中观环境，指能够直接影响企业运行的要素，主要指企业所在的产业竞争环境以及股东、顾客、供应商等；微观环境，由存在于组织内部并影响组织运行的因素构成，具体包括企业的战略、组织结构、企业文化等。

企业人力资源环境分析一般分为三步：

1. 尽可能详细地列出影响环境变化的各种因素

把从宏观环境到微观环境、从外部环境到内部环境的影响因素都列出清单，90％的信息可能最终没有用，但是只有广泛搜集信息才可能不漏过那 10％的有用信息。

2. 对上述影响因素进行分类

分类时可以使用上述三个层次的分类法，但是为了找到导致环境变化的关键因素，企业在具体分析时可采取阶段分类法。

3. 把选择出来的各种影响环境变化的因素制成关系图

把选择出来的各种影响环境变化的因素制成关系图，对每一因素做出可能性分析和可行性分析，针对最极端的情况和中间状况进行典型分析，并对这些因素给企业人力资源活动带来的影响做出分析，初步展现人力资源实践面临的机遇和挑战。

二、人力资源环境分析的基本方法

（一）PEST 宏观环境分析法

PEST 分析法是一种应用广泛的宏观环境的分析方法，包括对政治（Political）、经济（Economic）、社会（Social）和技术（Technological）这四大类影响企业的主要外部环境因素进行分析，因此简称为 PEST 分析法。

（二）SWOT 分析法

SWOT 四个英文字母分别代表优势（Strength）、劣势（Weakness）、机会（Opportunity）和威胁（Threat）。SWOT 分析实际上就是企业根据这四个要素对所处的环境和形势进行深入的分析，以便充分认识、掌握、利用和发挥有利条件和机遇，控制或化解不利因素和威胁，形成独特的能力，以获取竞争优势。

（三）五因素分析法

五因素分析法由迈克尔·波特于 20 世纪 80 年代提出。该方法把主导一个产业的竞争因素划分为五种力量：产业内企业间的竞争、潜在进入者的威胁、供应商的讨价还价实力、用户的讨价还价实力，以及替代产品或服务的威胁。每一种力量又由多种要素组合而成，如图2-1所示：

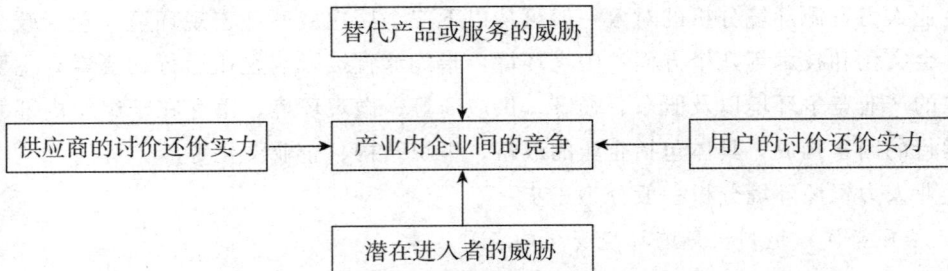

图 2-1　五因素分析法

（四）环境不确定性分析

有许多环境因素会对企业产生影响，企业必须面对这一现实并处理好环境不确定性的影响，方能保持经营的高效率。不确定性的结果使得决策人很难估计外部环境的变化，从而增加了企业的风险。企业试图通过分析不确定性因素，将许多环境影响减少到使人能够操作的程度。下面首先介绍如何对经营环境进行分类，然后探讨如何采取各种可能的对策以减少不确定性因素的负面作用。

显然，企业面临的环境不尽相同，不同环境所呈现出的不确定性也有高低之分，不确定性的程度可以用下面两个特性来划分：环境的简单或复杂程度、环境的稳定或不稳定（动态）程度。

环境的简单或复杂程度是指那些与企业经营有关的外部因素的多少。在一些复杂的环境情况下，许多种类不同的外部因素会对企业产生牵制和影响。复杂程度可能来自企业面临的环境的多样性（例如在不同国家经营的跨国企业），也可能来自处理环境影响所需知识的多寡。

环境的稳定或不稳定程度是指外部环境变化的速度。某些外部环境因素的变化速度明显超过其他的因素。一般来说，高科技企业（如硅谷的计算机企业）处在极不稳定或多变的环境中，而政府部门则处在比较稳定的环境中。

企业内部战略可以采取的选择如图2-2所示：

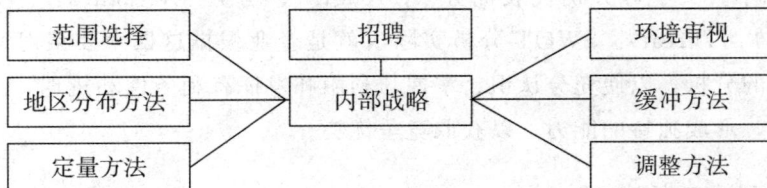

图 2-2　内部战略选择

企业外部战略可以采取的选择如图2-3所示：

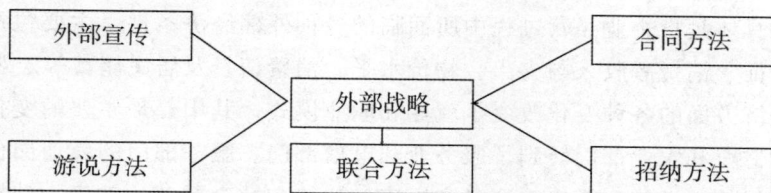

图 2—3 外部战略选择

三、人力资源环境分析的主要内容

（一）人力资源宏观环境分析

人力资源宏观环境主要包括六个方面：

1. 政治法律环境

政治法律环境主要指一个国家或地区的政治制度、体制、国家方针政策以及法律、法规等方面的因素。这些因素常常制约、影响企业的经营行为，尤其是影响企业较长期的投资行为。从国内来看，政治因素主要涉及国家的方针、政策，它对企业的生存与发展将产生长期深远的影响。

法律因素是指中央和地方的法规和有关规定，其中与经济法律法规的关系更为密切。经济法律法规是为调整经济活动中的法律关系、发展社会生产力服务的。它规定了企业可以做什么，不可以做什么。合法经营受到法律的保护，非法交易则要受到法律的制裁。近几年来，我国经济立法工作的步伐明显加快，先后制定和颁布了一系列经济法律和法规，但与市场经济发展的要求之间还有很大差距，许多方面还存在立法空白。特别是我国在2001年加入WTO以后，许多法律亟待修改和完善。特别是《中华人民共和国劳动合同法》《中华人民共和国就业促进法》于2008年1月正式施行，对于扩大就业、实现劳动力资源的有序流动和合理配置、增强就业的稳定性和提高就业质量、推动我国劳动关系的全面协调发展等，都产生了深远影响。

从国际方面来看，政治因素主要包括其他国家的国体与政体、关税政策、进口控制、外汇与价格控制、国有化政策以及群众利益集团的活动等。国际方面的法律因素主要涉及各国的国内法以及国际公约的有关规定等。我国企业若要到国外投资、兴办企业或与某国企业进行市场交易，必须事先了解该国的政治和法律。

2. 经济环境

一个国家的经济，是影响人力资源管理的主要外部环境因素。一般来说，经济繁荣时，不容易招聘到合格的工人；经济衰退时，适用的求职者却很多。例如，在2008年，由于美国金融风暴引起的全球性经济危机大大减缓了世界各国的经济发展速度，许多的大小企业深受其害，纷纷减产。为了缩减开支，在人力资源方面，不少企业大幅减少人力资源预算，调整薪酬，减少甚至暂停对外招聘，乃至大幅裁员，致使市场上求职者增加。

　　经济环境具体是指企业经营过程中所面临的各种外部经济条件，主要包括一个国家或地区的经济特征、消费者收入与支出、物价水平、消费信贷及居民储蓄等宏观因素。

　　目前，经济方面的各种变化改变了就业和职业模式，其中，最主要的变化是，大量的就业岗位由制造业和农业部门转到了服务业和电信部门。服务部门的就业岗位通常包括金融服务、医疗保健、运输、零售、快餐和饭店、法律和社会服务、教育、计算机领域等各行各业中的岗位。从增长比例来看，就业岗位增长最快的首推计算机和医疗保健领域。就业与职业变化的另一个侧面是不同规模的企业工作岗位具有不同的增减模式：许多大厂商通过减少其员工数量来削减工作岗位；与此同时，许多小企业却在不断地创造着新的就业机会。

3. 劳动力市场

　　劳动力市场是企业的一个外部人员储备，通过这种储备企业能够获得它所需要的员工。企业员工的能力在很大程度上决定着企业能否顺利地完成自己的目标。由于企业可从外部雇用新的员工，因此劳动力市场便是人力资源管理必须考虑的一个外部环境因素。劳动力市场是随时变化的，这会引起企业的劳动力的变化，企业内部每个人的变化会影响到管理者处理其劳动力问题的方式。简而言之，劳动力市场的变化导致了企业内部劳动力的动态变化。

　　目前，我国劳动力市场的状况是：劳动就业人口基数很大，但高层次人才严重缺乏。

　　首先，中国实际劳动就业人口基数很大，但是近年来，劳动年龄人口出现下降趋势，而老年人口规模呈现总量扩张、增量提速的发展态势，人口抚养负担正逐步加强。早在1999年，我国就提前进入老龄化社会，目前是世界老年人口最多的国家，占全球老年人口总量的五分之一。另外，我国潜在的劳动供给人口超过实际劳动需求人口，形成持久的就业压力。但是，劳动力整体的科学文化水平低、素质差。

　　其次，在高层次人才资源方面，我国目前的状况是，人才队伍庞大，人才资源总量很大，但是高层次人才严重短缺。人才资源中存在的两个"5%"现象值得警惕。一个是人才资源占人力资源总量的 5.7% 左右，第二个是高层次人才仅占人才资源总量的 5.5% 左右，且高级人才中的国际化人才更少。高层次人才紧缺已经成为制约中国人才战略实施和经济发展的关键因素之一。另外，在人才结构中，研究型、理论型人才比重偏高，相对来说，应用型人才更加缺乏。在不少学科领域，在理论研究的水平上，我国与世界先进水平相差无几，但开发设计能力差距较大，产品质量的差距更大。

4. 自然环境

　　总的来说，自然环境对企业影响的主要动向是：自然资源日益短缺，能源成本趋于提高，环境污染日益严重，政府对自然资源管理的干预不断加强，所有这些都直接或间接地给企业带来威胁或机会。

5. 科学技术环境

　　科学技术是影响人类前途和命运的重大力量，企业发展必须密切关注科学技术的发展动态。现在，科学技术日新月异，知识经济已经初露端倪，由此对企业造成以下几方面的影响：一是大部分产品的生命周期有明显缩短的趋势；二是技术优势成为企业竞争中的主要优势所在，企业有无创新能力成为企业能否生存发展的前提；三是劳动密集型产业面临极大压力；四是发展中国家劳动力价格低廉的优势在国际经济联系中将削弱；五是新兴产业特别是以高科技为代表的新兴产业将不断涌现等。

6. 社会文化环境

社会文化因素对人力资源管理也具有重要影响，企业对此也应加以重视。社会文化环境是指一个国家或地区的民族特征、文化传统、价值观、宗教信仰、教育水平、社会结构、风俗习惯等情况。社会文化是经过千百年逐渐形成的，它影响和制约着人们的观念和思维，影响着人们的行为。

社会文化环境的影响在企业跨国经营时表现得尤为突出。例如，美国文化受新教伦理的影响，同时强调一种人定胜天的精神，于是在早期汽车生产中就形成了大批量的生产方式。而日本，其文化推崇天人合一的精神，因此在汽车生产中推行了精益生产方式。

（二）人力资源中观环境分析

人力资源中观环境分析，就是进行产业环境分析，即弄清楚产业的总体情况与发展趋势，具体包括：

1. 国家的产业结构和产业政策

企业在进行产业分析时，应了解所投资的国家和地区的产业结构和产业政策。从世界范围来看，伴随着一个国家或地区工业化和城市化的进程，第一、二、三产业的结构会发生相应的变化：第一、二产业的比重会逐渐降低，第三产业的比重会不断提高。随着社会经济和科学技术的发展，产业结构演变的基本趋势是，产业由以劳动密集型产业为主向以资金密集型和技术密集型产业为主演变。

2. 产业生命周期

产业的产生、存在和发展，与社会对它所提供的产品和劳务的需求有关。它随着社会对某些产品或劳务需求的产生而产生，又随着社会对这些产品或劳务需求的消失或这些产品和劳务被别的产品或劳务完全代替而整体消失。产业的生命周期包括产业的产生、成长、成熟和衰退四个阶段。企业在决定是否进入一个产业时，首先要对该产业有一个基本的判断，弄清楚所要进入的产业属于新兴产业、成熟产业还是衰退产业。尽量选择"朝阳产业"，避免"夕阳产业"。

3. 产业的市场状况

产业的市场状况包括以下三方面的内容：一是供求态势。产业的供求态势是指产业所生产产品的现时供求状况和变化趋势。根据买卖双方各自的力量对比情况，供求状况有供不应求、供求平衡和供过于求三种。市场供求受商品经济规律、竞争规律、需求规律等各种经济规律的共同作用。二是需求分布。一般来说，新型产业的市场需求呈梯度推进式，首先在经济发展和技术水平高的地区出现，逐步向经济发展和技术水平不够高的地区推进，如电子计算机、移动通信等新型产业的产品需求就是从经济、技术水平最高的城市或地区逐步向经济、技术水平次高的城市或地区推进的。三是需求变动。需求变动包括所需产品品种的变动和数量的变动。需求变动的频繁性大致可以分为平稳型（如家具）、渐变型（如服装）、速变型（如计算机）三种类型。由于产业产品的需求变动类型不同，因此对企业的创新要求也有所不同。

4. 进入或退出障碍

某一企业在进入或退出某一产业时，都会不同程度地遇到一些压力，这些压力称为进入或退出障碍。进入障碍主要有五个方面：①规模经济；②顾客依赖心理；③资金需求；④转换费用；⑤销售渠道。

（三）人力资源微观环境分析

1. 企业人力资源现状

企业现有的人力资源是人力资源规划的基础，是将来发展的起点。企业战略目标的实现首先要立足于开发现有的人力资源。因此，必须对企业现有的人力资源状况有一个全面的了解和充分的认识。

企业人力资源现状分析包括人员数量分析、人员类型分析、年龄构成分析、职位构成分析和工作人员素质分析。

（1）人员数量分析

人力资源数量分析的重点是探讨现有的人力资源数量是否与企业各部门的业务量相吻合，也就是探讨现有的人力资源匹配是否最佳。要做到这一点，就必须测量各种业务所包含的工作量以及处理某些工作的工作时间与人员需求。

目前各企业采用的计算方法有很多，如工作效率法、业务分析法、预算控制法、行业比例法、标杆对照法等。在企业实践中，通常是将各种方法结合起来，参照行业最佳典范来规划本企业的岗位人数。但由于各企业的情况有差别并且不断变化，人力资源数量分析应从企业的总体目标要求出发，在不断的变化中调整，因此它是个动态的过程。

（2）人员类型分析

通过对企业人员类型的分析，可以了解一个机构业务的重心所在。不同的类型分类对应于不同的分析目的。

按工作内容来分，一个企业内的人员大致有四种：业务人员、技术人员、生产人员和管理人员。这四类人员的数量和配置代表了企业内部人力资源的结构。有了这些分析资料，就可以研究影响该结构的各项因素。这些因素可能包括以下几个方面：企业处在何种产品或市场中；企业运用何种技能与工作方法；劳动力市场的供应状况如何等。

按工作性质来分，企业内部工作人员又可分为两类：直接人员和间接人员。这两类人员的配置，也随着企业性质的不同而有所不同。通常直接人员占较大比例。

（3）年龄构成分析

分析员工的年龄结构，在总的方面可按年龄段进行，统计整个企业人员的年龄分配情况及员工平均年龄等。了解年龄结构，旨在了解以下情况：①企业人员是年轻化，还是日趋老化；②企业人员吸收新知识、新技术的能力；③企业人员工作的体能负荷；④工作职位或职务的性质与年龄大小的可能匹配要求。

（4）职位构成分析

根据管理幅度原理，主管职位与非主管职位应有适当的比例。分析人力结构中的主管职位与非主管职位，可以显示企业中管理幅度的大小，以及部门与层次的多少。

（5）工作人员素质分析

工作人员素质分析就是分析现有工作人员的受教育程度及所受的培训状况。一般而言，受教育与培训程度的高低可显示工作知识和工作能力的高低，任何企业都希望能提高工作人员的素质，使其对组织做出更大的贡献。但事实上，人员受教育程度及培训程度的高低，应以满足工作需要为前提。因此，为了达到适才适用的目的，人员素质必须和企业的工作现状相匹配。管理层在提高人员素质的同时，也应该积极提高人员的工作效率，以人员创造工作，以工作发展人员，促进企业的发展。

2. 企业的组织结构

企业组织结构体系在现代企业管理中是企业治理的重要体现，完善的企业组织结构有利于实现绩效的提高。企业的生产和发展在某种程度上来说，取决于企业组织结构的优化或提升。有了明晰的组织结构，企业中的各个管理职能才能有效地发挥其应有的作用。

企业组织结构的实施和运行最终要通过人力资源配置来实现，因此应该进行人力资源配置分析。企业人力资源的配置，就是通过考核、选拔、录用和培训，把符合企业发展需要的各类人才及时、合理地安排在所需要的岗位上，使之与其他经济资源相结合，形成现实的经济运动，使得人尽其才，提高人力资源生产率，最大限度地为企业创造经济效益和社会效益。

3. 企业文化

企业文化是指一个企业长期形成的并为全体员工认同的价值信念和行为规范。人力资源环境分析要对企业文化进行研究，以便使人力资源政策与企业文化相符。

美国哈佛大学教育研究院的教授泰伦斯·E.迪尔（Terrence E.Deal）和麦肯锡咨询公司顾问艾伦·肯尼迪（Allan Kennedy）在《企业文化——企业生活中习俗和礼仪》一书中指出：杰出而成功的企业都有强有力的企业文化，既为全体员工共同遵守，但往往是自然约定俗成的而非书面的行为规范，并有各种各样用来宣传、强化这些价值观念的仪式和习俗。正是企业文化这一非技术、非经济因素的不同，导致了企业决策的产生、企业中的人事任免，甚至员工们的行为举止、衣着爱好、生活习惯的差异。

4. 工会

西方发达国家的工会在劳资关系中扮演比较强势、独立的角色。在中国，企业工会的独立性相对较弱，但是这几年有不断加强的趋势，值得企业重视。有些在中国办企业的国外企业管理者凭借先进的管理经验和技术，实现了企业效益的不断提高，但如果忽视了企业职工的利益诉求，往往会导致员工队伍的人心涣散，工作效率大打折扣。人力资源管理政策需要得到工会最大限度的支持，方可取得应有的效果。

5. 非正式组织

非正式组织是指在企业生产经营中自然形成的一种群体关系。由于非正式组织对企业员工的心理满意度、工作积极性等有较大的影响，因此，人力资源管理环境研究也要对非正式组织进行分析，以便在工作中对非正式组织进行诱导。

6. 企业的其他部门

不同企业有不同的部门设置，各部门的职责分工与合作各不相同，且主要的工作流程、部门间配合方式与配合程度各不相同。人力资源战略还应该考虑企业与其他部门子战略的配合。同时，人力资源战略与规划工作更需要各部门在实际工作中的鼎力支持。因此，在战略环境的分析中，企业其他部门的状况也应该得到充分考虑。

第三节 企业人力资源战略的实施和管理

一、环境分析

人力资源战略与规划的第一步就是要对企业的内部和外部环境进行分析，并做出评价。企业在进行环境分析的时候，必须仔细考察企业的内部和外部环境，以获取可能对企业未来人力资源管理产生影响的信息。企业环境分析主要包括两个方面，即内部环境和外部环境。

著名的 SWOT 分析方法认为，对企业的优势、劣势、机会和威胁进行分析可以形成企业的战略。人力资源环境分析作为人力资源战略与规划的第一步，是企业形成自己的人力资源战略的基础。波特曾经讲过，"制定竞争战略的基础是将企业与其所在的环境联系起来。企业的最佳战略从根本上来说就是一种反映其特定环境的独特结构"。

二、企业战略的选择

企业的战略是企业发展的目标，事实上，每个组织的各个部门的存在也是因为战略的需要。因此，每个组织单位的目标都应该和企业的总体战略目标保持一致，在实践中配合整体战略目标的实现。人力资源部门当然也不例外，所以企业特定的战略目标必须被看成是影响人力资源管理实践的一个重要的内部因素。

比如说，一个企业的总体战略目标是追求总成本领先，而另一个企业的总体战略目标是追求不断地创新，它们的人力资源战略和人力资源规划当然就会有相当大的不同。追求创新的企业需要有一个宽松的工作环境，为促进技术的发展，它必须招聘到一流的研发人才，还要时刻关心劳动力的培训和开发，同时，为了留住和激励研发人才而设计一个有效的报酬方案也是特别重要的。而对于追求成本领先的企业来讲，就不需要招聘一流的研发人才，因为这种人才对其来讲也只会增加成本。

三、人力资源存量的分析

企业人力资源存量分析包括对企业的外部人力资源状况和内部人力资源状况的分析。企业外部的人力资源指的是企业潜在的人力资源。对企业所在的国家和地区，特别是企业所在地人力资源数量、质量、结构进行分析，有助于企业制定人力资源战略和规划。对企业内部的人力资源存量进行分析，有助于企业了解自己的人力资源的数量、质量、结构是否与企业的发展战略相吻合，这是企业制定人力资源战略和规划的基础工作。

四、人力资源需求的预测

企业要进行经济活动，离不开对人力资源和物质资源的需求。人力资源需求，是指一个企业按照自己的发展规划，为生产一定量的产品或服务而需要招聘的员工数量和类型。员工类型可以按员工所拥有的知识、技艺、能力以及其他特征来划分，这代表着员工具有不同的素质特征。人力资源需求预测作为人力资源战略和规划的核心内容，是制订人力资源计划、实施培训与开发方案的基础，它通过估算实现组织目标所必需的人员配置计划，帮助管理者组织未来的人力资源需求，指导管理人员思考未来人员需求及如何满足这些需求。

五、人力资源供给的预测

人力资源供给，即审视人力资源市场，评估有可能满足组织战略需求的人力资源供给现状和趋势。但是，在企业人力资源管理中，不仅要进行供给预测，而且要解决以下几个问题：员工来自何处？是来自企业内部，还是来自外部劳动力市场？各类员工的能力和水平能否满足企业的需求？企业如何根据不同岗位、不同部门的人员流动情况进行人员的配置？

六、人力资源战略的选择

人力资源战略是有关人力资源系统和措施的决策模式。人力资源战略分析方法有两种：一种建立在雇主—员工交换关系的基础上，也就是从劳动力市场的观点来考察；另一种建立在雇主监督、控制员工绩效的基础上。需要指出的是，从企业宏观层面上来说，大多数企业所采取的人力资源政策与主导的人力资源战略相符合；从企业微观层面上来讲，企业可以针对不同的员工采取不同的措施。

七、人力资源规划的制定

当目前的人力资源状况和未来理想的人力资源状况存在差距时，企业必须制定一系列有效的人力资源战略与规划方案。在员工过剩的情况下，企业需要制订一系列的人员裁减计划。在员工短缺的情况下，则可能需要在外部进行招聘，而如果外部劳动力市场不能保证有效供给，企业则需要考虑在内部通过调动补缺、培训、工作轮换、提升等方式增加劳动力供给。一个完整的人力资源规划方案通常包括：人员补充规划、分配规划、提升规划、教育培训规划、工资规划、保险福利规划、劳动关系规划、退休规划。

八、人力资源战略与规划的实施

规划是重要的，但执行更重要。只有在执行中，才能把规划的重要性转变为现实性。执行的过程需要管理，执行的效率必须关注。有效的执行管理是保持和提高规划质量的必要条件。评价执行过程和结果并及时反馈信息，是保证执行管理有效性的主要手段。

人力资源战略与规划由谁执行？常规的人力资源管理工作，主要由人力资源部门完成，但上升到战略高度的人力资源规划，事关组织战略成败，以至组织的生死存亡，从组织最高层的决策者、领导者和管理者，中层各生产和职能部门的管理者、工作者，到生产一线的全体作业者，理论上，都应该成为组织人力资源战略与规划的执行主体。在人力资源战略与规划的执行中，一般要坚持以下几项原则：其一，战略相关原则；其二，逐步优化原则；其三，梯度结构原则；其四，关键人才原则。

九、人力资源战略与规划的评价与调控

在具体实施人力资源战略与规划的过程中，人类预测理性的有限，内外部环境的混沌变化，都有可能使得最初制定的人力资源规划不能真正有效地达到企业预期追求的目标和要求，因此，必须建立一套科学的评价与控制体系，利用评价结果对最初的人力资源规划主动调整以适应变化了的内外部环境，修正企业在人力资源规划实施中的偏差，最终保证人力资源规划的持续滚动发展。因此，对人力资源规划进行系统化的反馈、评价与控制就成为一项对企业利害攸关的重要工作。

对人力资源战略与规划的评价与控制的基本目的就是，保证企业最初所制定的人力资源规划与其具体实施过程动态实时地相互适应。对人力资源战略与规划的评价与控制的基本内容包括：选择人力资源规划关键环节中的关键监控与评估点，确立评价与控制基准和原则，监测评估关键控制点的实际变化及变化趋势，选择实施适度的控制力和正确的控制方法，调整偏差。对人力资源战略与规划的评价与控制的工具一般包括人力资源管理信息系统、预算法、定量分析等。

第三章　人力资源的配置

第一节　人力资源的配置

一、人力资源配置的基本分析

（一）人力资源配置的含义

人力资源配置指的是一定的配置主体根据经济活动的需要，将人力资源投入各个具体的、不同的工作岗位，使之与物质资源结合，形成现实的经济运动。人力资源的科学配置是人力资源生产与开发之后的关键环节，是把社会的或者组织的人力资源供给送到社会的或者组织的需求岗位上，这是人力资源经济运动的一个核心环节。

经济学原理指出，经济活动是将三个基本要素——自然（土地、物质要素）、劳动、资本放在一起，进行产生生产能力、形成产出物的有效用的结合。这种要素的结合，即资源的配置。

资源配置问题是经济学理论分析与现实经济管理的重大问题，为经济学家和经济管理人员（尤其是宏观和微观经济决策者）所高度关心。资源配置的有效性，除了自然资源、人力资源和资本资源的条件外，关键就是对它们的配置。

（二）人力资源配置的模式

总的来看，资源的配置可以分为自然配置、行政配置、市场配置三种模式。

1. 资源的自然配置

在"自给自足"的自然经济条件下，资源的自然配置往往是很简单、很自然的事。人到了一个具有自然资源的地方，就在那里居住、生产、生活，就在那里渔猎、耕种，赖以为生。在典型的自然经济——小农经济条件下，劳动者在属于自己的土地上进行耕作，春种秋收，劳动成果的大部分用于自身消费，少量用来交换其他生活必需品。农民们生儿育女，其后代仍然在自己的土地上耕作，世代沿袭，不改变既定的人力资源与土地资源的配置关系。在一般意义上，不需要"外部"（非资源本身）的力量实现资源配置和改变资源配置。

2. 资源的行政配置

资源的行政配置，即一定的管理者对自己所管辖的资源直接进行配置。"行政"一词，其含义是执行命令、对下指挥和管理。因此，资源的行政配置，从管理模式的角度看，是一种"命令"经济，是一种管制（统制）经济。作为生产要素中的主体要素人力资源，则处于一种被动的、被他人配置的地位，自身的主体能动性、选择性、差异性等被忽视或漠视。这时的配置主体是行政管理部门（政府的计划部门、劳动部门和人事部门），各个生产单位则没有独立的选择与配置各项资源的权力。行政管理部门对全社会的人力资源、自然资源、资本资源进行统计、预测、规划、分配，将人力资源分配到各个部门、行业。用人单位的人力资源需求，在得到政府认可以后，才能由政府分配人力资源。用人单位的实际人力资源需求变动，显然是难于被政府及时了解和迅速调节的。

3. 资源的市场配置

资源的市场配置是需要配置的经济资源通过市场的途径实现结合、配置的。这意味着存在资源供给、需求双方见面的场所，需求者从供给者手中受让资源时要用货币衡量和交换，让渡的价格以资源本身的价值为基础、由市场上该项资源的供求数量关系决定。

人力资源市场配置是以劳动力自身生产成本（人力投资）及用人单位对该项资源未来的劳动产出预期为基础、由企业与求业者供求关系决定的工资为条件，通过供求双方的自由选择而完成的。这里抽象掉个人求职的非经济考虑因素。

（三）人力资源配置的层次

人力资源的配置，包括宏观配置、微观配置和个人配置三个层次。

1. 资源宏观配置

人力资源的宏观配置，包括部门配置与地区配置，下面分别进行分析。

（1）人力资源部门配置

人力资源部门配置，由国家领导机构直接关注，由国民经济计划综合部门、教育部门、人事劳动部门、科技部门、财政部门等多方面参与。人力资源部门配置，以经济社会发展规划中的重点部门、行业、建设项目和大型企业为主要目标，进行综合平衡后加以确定。新兴部门比传统部门的科技含量、人均资本量要高，所投入的人力资源质量也较高。

（2）人力资源地区配置

人力资源的地区配置是以各个不同地区为目标，考虑各地区既有的生产能力、资源储备、运输成本、销售市场等条件与发展目标，进行人力资源的相应安排。在一地区人力资源与物质资源配比不协调的情况下，可以通过对人的迁移实现合理配置。西部地区具有长期发展的潜力和丰富的资源优势，国家已经把其确定为我国经济战略的重点区域，需要为其创造必要的条件。有的学者把这些条件归纳为"三力"——劳力、财力和智力，显然，高质量的人力资源是中西部经济发展急需的重要条件，应当给予更高度的重视，并采取更有效的措施对其进行配置。

2. 人力资源微观配置

在市场经济体制下，经济资源的配置主要通过市场的途径实现，它具体发生在微观单位，由资源供求双方的行为共同完成。

3. 人力资源个体配置

人力资源的个体配置是人们选择自己的工作岗位的主动行为，它是人力资源自我选择性的体现。

对于个人来说"工作岗位"包括工作单位和所在的职业岗位两个方面。人们在求职时谋求"好工作"，即寻找高收入、好条件的职业，寻求有发展机会前途的工作单位，从而使自己在市场中获得最佳位置。在现行工作单位不尽如人意的时候，或者在社会上有更好的职业机会的情况下，人就要进行职业流动。

（四）人力资源配置的状态

人力资源配置的状态，可以分为增量配置（追加人力资源）与存量配置（在业人员）两部分，它是通过对追加资源投入方向的控制和已使用的存量资源的调整实现的。

1. 人力资源增量配置

（1）人力资源增量配置基本分析

人力资源增量配置是人力资源个体初次进入劳动领域的配置。在全面实现市场经济的体制下，人力资源增量配置的性质基本上都是市场性的。

尽管人力资源通过市场配置可以有效地、符合人力资源供求双方的意图实现就业，但也需要政府对其做好就业服务的帮助。此外，政府还要根据大中专毕业生就业市场状况和总体人才市场供求状况，对决定未来人力资源市场供给的教育事业进行规划和调整。

（2）大学毕业生的特点

第一，主导人才资源增量。我国高等院校的毕业生，2014年已经增加到700万人。这构成我国高等级人力资源增量供给的绝大部分。他们在我国的经济社会发展和科技进步的主攻方向和重点项目的资源配置中起着重要的作用。

第二，质量层次较高。高等院校毕业生接受了最新的专业理论教育，掌握了先进的技能，其质量较高。因此，他们也就有着较高的职业岗位期望，职业选择性较强。随着我国高等教育事业的发展、研究生的比重加大和大众化高等教育阶段的到来，其质量还会有一定的提高。

第三，供给的方向性强。大学生接受了数年的专业教育，具备专业特长，这些专业毕业生成为他人不可替代的定向供给，具有就业竞争的优势。

第四，初次进入就业市场。大学毕业生的年龄轻，一般是初次就业。这一特点使他们在走上社会时，具有适应性强、可塑性高、开发潜力大和使用周期长的优点，但也存在着就业的盲目性和岗位暂时性（他们可能因为主观和客观原因很快流动）的缺陷。

第五，批量性。上百万的大学毕业生一般在每年4月至5月签订就业协议，7月至8月毕业离校，到用人单位报到。这种人力资源的批量性强，时间集中。由此，对其服务和管理工作的任务集中、时间紧张。

2. 人力资源存量配置

（1）行政性再配置

我国现行的人力资源存量再配置，有相当大的数量是在一定的规划下，通过行政部门的安排，进行有组织地调配、分流和重组实现的。这种对存量人力资源再配置，性质是行政配置或计划配置。我国近年的中央和地方政府行政机构精简，分流出约 200 万的公务员，政府采取了有效措施，对其进行了在国有企事业单位安置、组建事业单位、接受高等教育、退休和自愿流出等多方面的安置，这正是行政再配置的做法。我国对于 242 个中央产业部委所属科研院所和几千个地方科研院所的转制，也是一次重大的行政性再配置。应当看到，我国的这种行政性再配置，从根本上是为市场化服务的，也是为解决人力资源配置从计划向市场模式的无震荡转轨而进行的。

（2）市场性再配置

有些人力资源，出于个人原因调换岗位、自由流动，是通过市场进行的人力资源"自动配置"。一些人力资源，也会被用人单位辞退。这种人力资源的自动配置或被动配置，是存量人力资源的再配置，其性质是市场配置。改革前期的 20 世纪 80 年代，我国虽然在人力资源配置体制搞活方面做出了巨大努力，建立了人才市场，但其仍然处于计划体制主导的大格局下，而且没有社会保障体制的支撑，因此，人力资源流动水平非常低，人才往往通过保留身份的"下海"与第二职业的形式进行资源的市场再配置。

二、人力资源配置原则

（一）人力资源配置的基本原则

人力资源的使用，就是将这一生产要素投入社会生产和各种经济活动之中。可以说，这是人力资源运动各环节中最为重要的方面。如果说人力资源的形成与开发是这一运动过程的初始环节与基础，那么，人力资源的配置或分配就是关键与核心。

1. 充分投入原则

人力资源配置的基本原则，是将这一资源给予充分地投入和运用，以达到其供给基本上能够被需求所吸收。这也就是有从业能力又有就业要求的人力资源，基本上都能取得职业岗位，达到充分就业和充分运用的状态，而不是处于闲置和浪费状态。

在人力资源处于供不应求和供求平衡状态时，一般来说比较容易达到充分运用。在人力资源供过于求状态下，则应当通过各种措施扩大需求、增加投入，以尽量减少人力资源的闲置和浪费。

2. 合理运用原则

从经济学意义上讲，人力资源的合理使用，首先是指人力资源投入的最高产出率。进言之，还包括经济上投入方向及配置的合理，以及更为广泛的内容，例如效率与公平的关系等。进一步来说，人力资源的合理使用还应当包括人的潜能得到发挥、人的社会地位的提高，以及有关劳动的多种社会关系的协调等，即有着一定的社会效益的内涵。

一般来说，经济方面的指标是显在的，社会效益的指标则是非直接的、潜在的。社会效益的显在性往往是通过被破坏以后对经济、政治、科学、文化等多方面的副作用体现出来。

总之，必须对人力资源使用的合理性有全面理解，以使这一资源的运用真正达到最大的经济效益。

3. 良性结构原则

搞好人力资源的配置，需要调节现有各个局部的人力资源，将追加的人力资源投入不同方向，以形成良性的人力资源使用结构。不论是宏观的部门、地区，还是微观的企事业机关单位，都应当达到良性结构状态。

在宏观的人力资源处于良性结构的情况下，人力资源状况能够适应社会经济发展的需要，并能有利于国民经济各部门在较长时间内保持协调，从而取得较大的经济效益。从我国的情况看，人力资源的良性结构，主要应体现为农业与非农业关系协调、生产性行业与非生产性行业协调和各地区经济发展协调。

在微观用人单位，也应当注意达到人力资源的良性结构，这包括不同层次和不同职业类别的员工比例和谐。

4. 提高效益原则

提高效益是重要的经济学原则。由于人力资源在经济运动中的重要地位，提高其使用效率就更为重要。

"有效劳动"和"无效劳动"是一对重要的经济概念。有效劳动即人力资源的投入取得了经济效益，无效劳动即人力资源的投入未取得经济效益。进一步分析，有效劳动还可以分为高效劳动与低效劳动，无效劳动也可以分为零效劳动与负效劳动。高效劳动的产出大大高于投入；低效劳动的产出在不太高的程度上大于投入；零效劳动的产出等于投入，而没有取得效益，浪费了资源，等于做了"无用功"；负效劳动的产出小于投入，效益为负数，可以看作产生了坏的后果。

（二）现实人力资源配置原则

现实的人力资源配置活动，具体原则包括以下几个方面：

（1）符合国家以及地区、部门的总体经济社会发展战略的要求，符合用人单位的发展战略要求，把握好中长期规划中的人力资源内容。

（2）处理好人力资源与物质资源的关系，选择适当的产业结构与技术结构，加强对自然资源的深度开发和多次利用，保持生态环境的平衡，促进国民经济的可持续发展。

（3）把握准追加人力资源的投入方向，保证经济和科技重点方向的人力资源供给，并兼顾一般。注意不同地区在自然资源、现有生产能力、发展潜力等方面的差异，使地区间均衡发展又各有特色，注意重点行业、带头行业、新兴行业、关键项目的发展，为其提供必要的人力资源。

（4）保持一定规模的人力资源流动，以改善人力资源与物质资源的结合状况，提高人力资源的活力。

（5）对于大于需求的结构过剩性人力资源供给，采取措施将部分转化到新的岗位。要注意继续投入部分的方向，避免出现配置的负效益。

三、人力资源流动

（一）人力资源流动的含义

人力资源流动是指处于一定部门、地区和职业的人力资源发生了变化，进入新的部门、地区和职业工作岗位。人力资源流动的结果是人力资源实现了再配置。

人力资源的流动，可以分为宏观、微观和个人三个方面。人力资源的宏观流动，既有政府行政手段措施直接组织的，也有政府通过宣传鼓励和政策引导而形成的。人力资源的微观流动，是各个企业事业机关单位的辞退解雇行为和招聘录用形成的。人力资源的个人流动，是求职者选择就业岗位和在业者调动工作岗位形成的。

（二）人力资源流动的原因

1. 人力资源流动的宏观原因

经济发展的不平衡是人力资源流动的根本原因。伴随着产业结构的变动必然出现大规模人力资源流动。产业结构调整是一种自觉的行为，我国近年的产业结构调整规模大，因此人力资源流动的规模就较大。

2. 人力资源流动的微观原因

人力资源流动的微观原因，在于资源配置的供求两方主体都有改变原配置的动机。人力资源市场配置方式的优点，是保证了双主体以最优状态完成资源配置。在市场变动的情况下，用人单位还会采取各种措施改变既有的资源配置，辞退和更换人员，从而造成员工的流动和更替。

20 世纪 90 年代后期以来，我国高新技术产业和企业的大发展，企业大力争夺人才，新经济在兴起，市场观念深入人心，这些都大大促进了人力资源的流动。

（三）人力资源流动经济分析

对于每一个人力资源个体来说，在进行流动时都要做成本与收益的价值衡量比较，这是一种个人决策行为，是人力资源流动的理性基础。

1. 人力资源流动成本

人力资源流动成本是指人力资源进行流动方面的各项支出。它可以分为用货币计量的经济成本和不能用货币计量的非经济成本。经济成本包括由寻找工作而支出的各项费用、参加有关培训的成本、流动期间的"衣食住行"等生活成本；非经济成本包括所放弃的原单位收入、所丢掉其他可能的发展机会、离开熟悉环境与人群的心理成本等。

2. 人力资源流动收益

人力资源流动收益即作为人力资源的人在流动以后所获得的各种利益的总和。它可以分为四部分：

其一，货币性收益，即在新职业岗位所获得的货币收入；

其二，技能性收益，即在新职业中获得工作技能以及有关的各种知识；

其三，机会性收益，即个人在新职业和新单位的发展机会；

其四，文化性收益，即在新工作氛围中获得文化和其他社会生活知识。

在一个人进行流动后，自身的人力资本往往会在经济活动中获得增值，即"跳槽"者的工资收入可能"步步高"。同时，流动者能够为社会生产更多的产品，即增加了社会价值。

人才资源的专业技术优势及其巨大的社会价值，是他们流动决策的有利条件，也是其流动性强、流动规模大的原因。我国从计划走向市场的过程中，大批过去由计划配置的人才资源具有了个人决策的权利，在经济发展机会众多的情况下，产生了非常强的流动动机。

第二节　人力资源市场

一、人力资源市场基本分析

（一）人力资源市场的含义

市场就业是我们重大的制度选择。详细剖析人力资源市场范畴，为理解走向市场的人力资源利用问题所必需。本节将对人力资源市场问题做进一步的分析。

1. 人力资源市场的概念

"人力资源市场"一词，有外延大小不同的三种概念。

狭义的人力资源市场，是指从事劳动要素交换的场所，如各地挂牌的"劳动力市场""劳动市场""职业介绍所""劳务市场""人才交流中心"。这正如某处有个可以买卖商品的店铺或摊位。

中等口径的人力资源市场，是指人力资源要素交换场所与要素交换关系二者之和，它强调市场上的工资由供求双方"讨价还价"而决定。这正如人们在自由市场进行买卖，谈妥价钱然后成交。

广义的人力资源市场，除了具有交换场所、交换关系的含义外，还构成一种机制，即对供求双方进行引导，促进人力资源要素实现优化配置的机制。这种机制包括价格机制（工资决定）、竞争机制（供方、求方内部竞争）、供求机制（供求之间的矛盾运动与结合）。

人们出于不同的眼界，从不同意义上理解和使用人力资源市场或劳动市场的概念，因而往往缺乏共识。美国著名劳动经济学家 H.S.帕恩斯（H.S.Parnes）从理论和实践两个角度比较全面地阐述了人力资源市场问题，既分析了"经济学家的劳动市场模型"，又研究了"劳动市场中的劳动者行为""雇主行为"，值得我们借鉴。

2. 人力资源市场的划分

对于人力资源市场，可以进行多种划分：

（1）从市场内容分层的角度，可以分为普通市场与人才市场两种，普通市场中又包括技术工人市场与非熟练工市场。

（2）从市场内容种类的角度，可以分为各种专业、职业的市场，如电子工程师市场、计算机软件人员市场、土建工人市场、保姆市场等。

（3）从市场存在形式的角度，可以分为固定机构性市场（常年性市场，如职业介绍所）、临时集中性市场（如各种供需见面会）、散在性市场（如在街头"待唤"的木工）。

（4）从市场存在范围的角度，可以分为地区性市场与行业（部门）性市场、内部市场（单位市场或行业市场）与社会性市场。

（5）从社会对市场认定的角度，可以分为正式的市场与非正式的市场、有组织的市场与非组织的市场（自发市场、合法市场与非法市场）。

（6）从市场环境的角度，可分为自由市场、垄断性市场与政府干预性市场。

（7）从市场供求关系的角度，可以分为均衡性市场与非均衡性市场，非均衡性市场又包括供不应求和供过于求两种类型，总量均衡市场中又有结构性不均衡的问题。

（二）人力资源市场的要素

人力资源市场运行的要素包括主体、客体和中介。人力资源市场主体，包括求业者个人与用人单位两方，双方相互选择才构成人力资源市场上就业的实现。

在人力资源市场上被交换的客体是"劳动"要素或人力资源。劳动要素是依附于人的身上，受人的劳动意识支配而发挥功用的。劳动要素具有主体能动性、自我选择性、个体差异性和非经济性，这些在它被交换时，交换的主体——个人与用人单位都是要考虑的。

人力资源市场中介，即人力资源市场上进行交换的媒介。一般来说，这是由某个人力资源市场"场所"或机构提供的。有时，它并不集中出现在某处，而是分散存在的。在现代社会，报纸、电视等媒体和网络等也成为中介，是形式众多的灵活的中介。

（三）人力资源市场的功能

1. 人力资源市场的基本功能

人力资源市场在社会经济运动中具有重要的功能。它主要包括以下方面：

（1）人力资源市场是用人单位取得劳动要素的途径，从而使其实现生产要素组合或资源配置。

（2）人力资源市场是宏观经济运行状况的晴雨表，它可以反映国家或地区经济的繁荣或衰退状况。

（3）人力资源市场是人力资源供给、需求与二者结合的直接反映。

（4）人力资源市场是教育事业（人力资源生产主要场所）的动力导向系统。

（5）人力资源市场是个人与用人单位相互选择的具体场所，是实现就业的重要途径。

（6）人力资源市场是人力资源流动的流向指南。

2．人力资源市场的现实作用

（1）有利于我国经济社会的发展

人力资源市场的建立及其全面运行，可以使各个企业具有较充分的用人权，因而可以出于经济效益的考虑灵活选择生产要素，从而为整个经济发展的良性化奠定基础。在存在人力资源市场的情况下，全社会的人力资源较容易实现有效、合理的配置，从而有利于国民经济的正常发展和效益的提高。在人力资源市场全面运行的条件下，个人出于向上流动的意愿，在人力资源的生产、开发、配置、使用方面均呈主动状态，这有利于人尽其才、才尽其用。

（2）是新型人力资源体制的核心

人力资源市场是我国社会主义市场体系中的一个重要部分，它的产生顺应了经济改革的"放宽、搞活"潮流，对经济改革和发展也有一定的促进作用。我国过去实行"统包统配"的人力资源配置模式和"铁饭碗"用工制度，扭转不适应市场经济要求的统包统配模式，打破使人们产生惰性和依赖思想的"铁饭碗"，就成为我国劳动人事制度改革的中心环节。20 世纪 80 年代实行劳动合同制；20 世纪 90 年代实行优化劳动组合、打破"三铁"、全员劳动合同制等措施；而后进一步配合国企改革实行了下岗制度，这些都是对"铁饭碗"的不断冲击，是破计划配置资源体制、推进市场就业的措施。发挥人力资源市场机制的作用，实现市场就业、竞争就业、就业淘汰，构成我国劳动人事制度改革的核心和主攻方向。

二、人力资源市场管理

（一）政府的市场管理任务

人力资源市场作为配置人力资源的场所，要受政府的管理。这里，我们对政府在该领域的职责问题进行分析。

在传统的计划体制下，劳动人事部门作为国家的经济管理机构，是国家计划部门分配社会劳动者的具体执行机构，具有对下级下达劳动力指标的权力。劳动人事部门将劳动力和干部总指标分配到国民经济各部门，同时使个人走上有计划指标的工作岗位。劳动人事部门是直接对人力资源进行行政配置的经济执行机构，其社会职能较弱，而更多的是管理和监督企业的劳动力使用，指令性地管理各级、各类国家干部。

在理想的市场经济体制下，国家并不直接管理企业，其经济管理职能主要是宏观调控，除了宏观经济政策、经济杠杆的运用外，许多任务交由专业部门和企业自己管。这时，国家的社会管理职能要大大加强。在人力资源市场问题上，它作为国家劳动行政、人事行政管理部门，要举办职业介绍所和人才交流中心并从事各种有关的活动，并对各种非公立职业介绍所进行监督、协调，为用人单位与个人的相互选择提供场所以至直接的服务。可以说，在政府、个人、用人单位三者关系上，人力资源和社会保障部门除在处理劳动问题上居中间立场外，还体现出对个人一方负责的立场。用人单位则自己对自己负责，得失成败均由市场决定，由市场机制下的自身生产经营状况决定。

（二）人力资源市场管理模式

人力资源市场的功能，是使用人单位和个人能够自由地进行相互选择，进而使双方均注重效益，达到人力资源的有效、优化配置。因此，人力资源市场的管理应具备以下特征。

1. 高效、开放、全方位

人力资源市场应立足经济建设，为经济社会发展提供所需的各种人力资源，为广大社会成员的就业、转业提供优质的服务，为双向选择提供全方位的服务。人力资源市场不应当有部门、地区、所有制、身份等各种障碍。

2. 统一领导和分散管理相结合

人力资源市场的服务机构，可以分级别、分地区、分部门，但它们的总任务是共同的。要加强"上下"（各层次间）"左右"（各部门、地区间）的沟通和协调，特别是加强信息沟通与交换，使之在更大范围内促进人力资源的合理流动，达到人力资源的有效配置。

3. 政府举办与民间举办相结合

人力资源市场是一种独特的市场，政府对它的干预和参与必然要相对较多。理想的模式是，政府制定人力资源市场的基本活动准则，以及建立具体有关机构的条件，同时也直接兴办综合性的人力资源市场机构（如公立职业介绍所）。其他方面，如企业、部门、社会团体、个人，可以在遵守政府提出的活动准则、具备政府认定的兴办条件的前提下，开办民间人力资源市场机构。非政府性的人力资源市场应接受政府的监督。此外，对尚未形成正式市场的零散、自发交换活动，政府也要积极引导以及组织。

4. 经济效益与社会效益兼顾

在人力资源市场的运作中，要根据"人"的特点，从劳动者的主体性、主动性、创造性出发，考虑社会的需求，尽量使人力资源市场在实现资源优化配置的同时，满足劳动者的各种合理愿望，为其提供良好的服务，保护劳动者的利益，促进人的能力发挥，同时注意消除对劳动者的各种不利因素。

（三）人力资源市场的运行规则

人力资源市场规则，可以概括为"公平""等价"与"合法"。

1. 公平规则

公平规则即人力资源市场上要公平竞争，反对垄断、欺诈、歧视等不正当竞争行为，劳动者有广泛的选择权，不存在各种不应有的权力、金钱、关系等对于劳动者选择权的障碍和剥夺。

2. 等价规则

等价规则即供求双方要等价交换，劳动者获得公平的工资，雇主获得能生产出预期价值产品的人力资源（当然，真正交换的"等价"，要在进入劳动以后，根据工作绩效发放工资的"结算"才能完成）。

3. 合法规则

合法规则即人力资源的交换要符合《劳动法》《劳动标准》、政府的有关规章制度及要求，如《最低工资法》《禁止童工法》《劳动保护法》，并要订立劳动合同等。

三、我国的人力资源市场

（一）我国人力资源市场的发展历程

我国的人力资源市场是在长期停顿以后，于20世纪80年代初又萌发的。最早对"人力资源市场"的报道见诸1982年年初的《人民日报》，据报道：云南省大姚县出现类似"桥头待唤"式的民工"人力资源市场"。这是中国城镇的劳动供求冲破计划经济就业制度禁锢而自由结合的标志。20世纪80年代初，政府劳动部门为解决上山下乡返城待业青年的就业问题，贯彻"三结合"就业方针，广泛建立劳动服务公司，这也具有一定的人力资源市场因素。1984年8月，西安市首开先河，挂起"劳务市场"的牌子，组织技术工人交流，并为企业提供咨询和技术服务。

着手人力资源市场机构、机制的培育与建立的国家政策，是在1985年后。1987年党的十三大提出要发展"劳务市场"。1988年，国家劳动部根据改革需要，在各地陆续举办劳务市场的基础上，召开了全国"劳务市场工作会议"，推动劳务市场的发展。

中国在明确了实行市场经济体制的方针后，1993年党的十四届三中全会通过的《关于建立社会主义市场经济体制若干问题的决定》对中国的人力资源市场也做出了原则规定。《决定》中指出"改革劳动制度，逐步形成劳动力市场。我国劳动力充裕是经济发展的优势，同时也存在着就业的压力，要把开发利用和合理配置劳动力资源作为发展劳动力市场的出发点。广开就业门路，更多地吸纳城镇劳动力就业。鼓励和引导农村剩余劳动力逐步向非农业转移和地区间的有序流动。发展多种就业形式，运用经济手段调节就业结构，形成用人单位和劳动者双向选择、合理流动的就业机制"。为此，国家劳动部把市场就业提高到劳动部和全国劳动系统"中心工作"的地位。目前，人力资源市场在社会劳动管理与就业制度中仍然居于中心的地位。

多年来，政府的劳动、人事部门建立了大批劳动服务公司、人力资源市场、（公立）

职业介绍所、技工交流中心、人才交流中心，并在各用人单位的招收人员和大中专毕业生分配方面实行了双向选择，建立起就业和劳动力流动的"市场"。此外，政府科技部门、各部门的劳动人事机构、工青妇组织也开办了大量人力资源市场、人才交流机构，一些私人和经济组织也开办了经营性的人力资源市场机构（如职业介绍所、猎头公司、求职网站等）。我国人力资源市场体系的建立，大大有利于就业问题的解决和经济、社会的现代化。

（二）解决人力资源市场存在的问题

目前，我国的人力资源市场已经形成一个对各类学校毕业生、技术工人、下岗职工、专业技术人员、管理人员、农村进城务工人员以及其他人员从事就业信息中介、职业介绍和各种相关业务的庞大体系。

在我国的人力资源市场体系中，有公立的从事人力资源市场就业服务工作的各级劳动就业系统的职业介绍机构和政府的人才交流机构。公立就业服务部门的职能包括就业介绍、临时性工作安排、就业咨询、失业人员管理、失业保险、就业培训、职业资格鉴定等。人才交流机构则主要面向专业技术人员和管理人员，为他们提供比较全面的人力资源市场就业服务工作。

此外，还有政府其他系统、工青妇组织、私人、企业、行业部门举办的职业介绍、人才交流等各类人力资源市场机构，这些机构在我国的人力资源市场体系中具有对象定向、业务有特色的特点。此外，自发人力资源市场的形成，如木工、保姆、某些临时工等，也是客观存在的事物。

上面是就市场含义之一的"场所、机构"而言的。以此为基础，人力资源市场的运行规则、管理措施在我国也相应地发展起来。我国人力资源市场还存在许多的问题，需要进一步解决。要完善我国人力资源市场，应当从以下几方面入手：理顺人力资源市场管理体制；增加财政投入；加强人力资源市场法制建设，严厉查处非法人力资源市场，严厉打击以开办人力资源市场、进行职业介绍业务为名进行经济诈骗甚至拐卖人口的各种犯罪活动；强化人力资源市场机构建设与日常监督管理。

第四章　招聘与录用

第一节　员工招聘概述

一、招聘的意义

所谓招聘，是指组织为了发展需要，根据人力资源规划和工作分析的要求，从组织内部和外部寻找、吸引并鼓励符合要求的人，到本组织任职和工作的过程。广义上的招聘是指吸引和选择企业需要的工作人员的活动过程，包括组织内部选拔和组织外部招聘两个途径。狭义上的招聘是指组织为了发展的需要从组织外部招聘工作人员的活动过程。招聘管理包括两个方面：一是向应聘者说明"工作是什么"；二是确定"什么人适合这项工作"。

人员招聘在企业人力资源开发与管理中具有重要意义，它主要表现在以下几个方面。

1. 招聘可以提高企业员工素质，为企业战略的实现奠定基础。

2. 招聘是企业吸收新的管理思想和管理方式的主要手段。

3. 招聘有利于树立企业形象。

4. 招聘是激励员工、实现人员合理流动的重要工具。

5. 招聘可以规避用人风险，降低员工离职成本。

二、招聘的原则

（一）公开、平等、竞争原则

公开是指招聘前组织应把招聘信息（如招聘的条件、种类、数量、报考资格、考试科目、时间和应聘方法）通过公开的途径向社会发布。平等是指对所有的应聘者一视同仁，不得人为制造各种不平等的限制或条件（如性别歧视、地域歧视等）和各种不平等的优先优惠政策，为求职者提供公平竞争的机会，不拘一格地选拔、录用各方面的优秀人才。竞争是指通过考试和考核鉴别并确定人员的优劣和人选的取舍。坚持这一原则，一方面，能确保招聘与选拔的质量，为组织吸引优秀人才；另一方面，有利于在应聘者心目中树立良好的企业形象。

（二）因事设人、效率优先原则

招聘管理应以组织战略和人力资源规划的要求为依据，因事择人，以工作岗位的空缺和实际工作的需要为出发点，以岗位对人员的实际要求为标准，以达到因职选能、因能量级、人岗匹配的目标。效率优先原则体现为在人员招聘中要力争用最少的招聘费用，录用到高素质、适应组织需要的人员，即尽量使招募成本最小化、招募效率最大化。既不能为了招募合适人才而不计成本或增加不必要的浪费，也不能为了节约成本而招聘不合适的人员。

（三）择优录用、宁缺毋滥原则

广揽人才，选贤任能，为各个岗位选择第一流的工作人员，是员工招聘工作的核心。同时，一个岗位宁可暂时空缺，也不能让不合适的人占据，使组织遭受损失。企业应根据自身发展需要自主选择高素质员工，同时员工又可根据自身的能力和意愿，结合劳动力市场供求状况自主选择职业。企业自主择人，员工自主择业，这是劳动力市场上人力资源配置的基本原则。

（四）适人适位、量才录用原则

在招聘过程中，必须考虑候选人的专长，坚持量才适用，做到"人尽其才""用其所长""职得其所"。应确保待聘岗位获得相匹配的人才，使候选人得到能够充分发挥自己特长的平台，避免大材小用，导致今后留人困难；也要避免小材大用，导致不能胜任工作，从而达到企业与员工个人的双赢。

（五）遵守国家法令、法规和政策

招聘工作应严格遵守国家法律和政策的规定，不得违反法律、法规的要求。例如，不得违背《中华人民共和国宪法》关于男女同工同酬的规定，不得违反《中华人民共和国劳动法》所规定的劳动者的合法权益，以免引起法律诉讼，给组织造成不必要的损失。

三、招聘的流程

从广义上讲，招聘管理流程包括招聘准备、招募、甄选、录用、评估五个阶段；狭义的招聘管理主要包括招募、甄选、录用三个阶段。本节主要阐述招募、甄选、录用三个阶段的内容。

四、招聘工作的分工与负责

在招聘过程中，人力资源管理部门应该与用人部门共同从事员工的招聘工作，只是分工有所不同。人力资源部门一般侧重一些原则性和事务性的工作，如确定工作分析的内容与招聘人员的任职资格、刊登广告、寻找中介、组织面试与测试、组织录用和评估工作等。用人部门在招聘工作中，则侧重一些专业性和技术性的工作，如出任测试考官、设计各类问卷和试题、修改完善岗位要求、筛选入围人员和最终确定录用者。在现代人力资源管理中，用人部门直接参与整个招聘过程，并在其中拥有计划、初选与面试、录用、人员安置与绩效考评等决策权，完全处于主动地位。人力资源部门在招聘过程中起组织与辅助的功能。明确人力资源部门与用人部门的分工和各自的职责侧重点，有利于协调两部门的工作，提高招聘工作的效率。

第二节　人力资源甄选与录用

一、人员甄选技术

人员甄选是指组织运用一定的工具和手段对已经招募到的求职者进行鉴别和考查，区分、评估其人格特点与知识技能水平，预测其未来工作绩效，从而挑选企业所需要的恰当的职位空缺填补者。人力资源选拔是招聘工作中最关键的一步，也是技术性最强的一步，选择合理的甄选技术可以大大降低人员进入组织后的培训费用，提高人员在组织中的稳定性。人力资源选拔过程包括：简历和求职申请表的筛选、知识技能测试、心理测试、情景模拟测试、面试、背景调查等。

（一）简历与求职申请表的筛选

一般而言，任何甄选过程的第一个步骤都是要求应聘者提交个人简历或填写一份求职申请表。通过简历和求职申请表能获得足够的信息来判断应聘者是否具备职务所需的最低资格。

1. 简历筛选

简历是应聘者自带的个人介绍材料，在筛选过程中要注意以下几个技术要点。

（1）简历结构审查。

（2）简历内容审查。

（3）个人资质审查。

（4）简历逻辑性审查。

（5）简历真实性审查。

（6）简历整体印象。

2. 求职申请表筛选

求职申请表通常都是由相关部门专门设计的，求职申请表的筛选与简历的筛选基本相同，但有些方面仍值得注意。

（1）应聘者态度考查。态度比较端正的应聘者一般都会认真填写申请表，内容也填写得相对完整，字迹工整。一般情况下，对于填写不太完整或字迹相对模糊的申请表可以不加考虑。

（2）职业相关性考查。重点考查工作经历。在审查求职申请表时要估计背景材料的可信程度，注意应聘者以往经历中所任职务、技能、知识与应聘岗位之间的联系。例如，应聘者的工作经历和教育背景是否符合申请条件，是否经常变换工作而这种变换却缺少合理的解释等。在筛选时要注意分析其离职的原因、求职的动机，要对那些频繁离职人员加以关注。

（3）标明可疑之处。在筛选过程中对申请表中有疑问的地方应该做出相应标记，在面试的时候可以进一步核实。例如，在审查应聘申请表时，通过分析求职岗位与原工作岗位的情况，要对高职低就、高薪低就的应聘者加以关注，必要时应该检验应聘者的各类能够证明身份及能力的证件。

（二）知识技能测试

人力资源知识技能测试用于衡量应聘者所具备的知识与技能水平，以此判断应聘者能否承担应聘岗位的职责。具体可采用笔试、口试、现场测试、各种能力证书的验证等形式。知识技能考试通常包括三种类型：（1）综合知识测试。（2）专业知识测试。（3）技能测试。

（三）心理测试

心理测试源自实验心理学中个别差异研究的需要。心理测试的目的在于从人的素质方面来把握求职者的能力结构是否符合所应聘的岗位的要求，并预测应聘者在今后工作中的发展趋势，从而提高招聘的准确度。常见的心理测试技术有以下几种。

1. 职业能力倾向性测试

能力测试一般用于测定从事某项特殊工作所具备的某种潜在能力。通过能力测试，可以有效测量人的某种潜能，从而预测他在某职业领域中成功和适应的可能性，或判断哪项工作更适合他。职业能力测试包括普通能力倾向测试、特殊职业能力测试、心理运动机能测试。

（1）普通能力倾向测试。测试内容包括思维能力、想象能力、记忆能力、推理能力、分析能力、数学能力、空间关系判断能力、语言能力等。

（2）特殊职业能力测试。即对特殊职业或职业群的能力的测试，其目的在于测量已具备工作经验或受过有关培训的人员在某些职业领域中现有的熟练水平，以选拔那些具有从事某项职业的特殊潜能，并且经过很少或不经特殊培训就能从事某种职业的人才。

（3）心理运动机能测试。心理运动机能包括两类：一类是心理运动能力，如选择反应时间、肢体运动速度、四肢协调程度、手指灵巧程度、手臂稳定程度、速度控制等；另外一类是身体能力，包括动态强度、爆发力、广度灵活性、动态灵活性、身体协调性与平衡性等。

2. 个性测试

个性也称人格，是指一个人自身所具有的独特的、稳定的对现实的态度和行为方式，它具有整体性、独特性和稳定性的特点。对应聘者进行个性测试的目的是寻找人的内在性格中某些对未来绩效具有预测效用或是工作与之相匹配的特征。个性测试方法一般分为以下六种类型。

（1）自陈式测试

通过让应聘者填写自陈式测试量表，判断其性格特点。它的应用前提是"只有本人最了解自己"，资料来自应聘者提供的关于自己个性的回答。自陈式测试的优点是操作简便，容易被测试者接受；缺点在于难以把握求职者的诚信度，即求职者是否会美化自己的人格特征，尤其是在问卷答案的倾向性过于明显时，往往会导致测试结果与事实不相符。典型的测试量表有明尼苏达多相人格测试、16PF、艾森克人格问卷（EPQ）、加州心理调查表（CPI）等。

（2）投射法测试

它的假设前提是"人们对外界刺激的反应都是有原因的，而不是偶然的，且这些反应主要取决于个体的个性特征"。投射测试一般把一些无意义的、模糊的、不确定的图形、句子、故事、动画片、录音、哑剧等呈现在被测者面前，不给任何提示、说明或要求，然后问被测者看到、听到或想到了什么。该技术可以探知个体内在隐蔽的行为或潜意识的态度、冲动和动机。由于采用图片测试，可避免文字测评中常用的社会赞许反应倾向性，即不说真心话而投测评者所好。常用的投射技术有：罗夏墨迹测验、句子完成式量表、笔迹学测评等。

（3）价值观测试

一个组织能否发挥应有的功效、完成组织目标，往往受组织成员的价值取向所影响。有些职业或空缺岗位与求职者的工作价值不相符，对此用人单位必须慎重考虑是否接收。一些求职者由于某些特殊原因去应聘与其工作价值观完全不符的职位，这不仅会降低其工作的热情与积极性，还会直接影响工作绩效，甚至影响组织效率。价值观测试可以深入了解应聘者的价值取向，作为甄选录用的补充性依据。当前流行的价值观测量工具有罗卡奇（Rokeach）编制的基本价值观量表，奥尔波特、弗农、林赛（Allport、Vemen、Lindzey）编制的价值研究量表，以及莫里斯（Morris）编制的生活方式问卷。

（4）职业兴趣测试

职业兴趣是指人们对某种职业活动具有的比较稳定而持久的心理倾向，它反映了一个人想从事某种职业的愿望。有关资料表明：一个人如果从事自己感兴趣的职业，能发挥全部才能的80%—90%，且能长时间保持高效率而不疲劳；如果从事不感兴趣的职业，则只能发挥全部才能的20%—30%。霍兰德职业兴趣测试把人的兴趣分为六种不同的类型：实际型、研究型、社交型、传统型、企业型、艺术型。这六种性格、兴趣类型与相对应的职业见表4—1。

表 4—1　六种性格、兴趣类型与相对应的职业

兴趣类型	职业
实际型：有攻击性，身体活动有技术性，有力量，有协调性	林业、农业、建筑业
研究型：擅长思考、组织、理解等智力活动，应用情感与直觉较少	生物学、数学、新闻报道
社交型：擅长交际，不喜欢心智或体力活动	服务业、社会工作、临床心理学
传统型：喜欢从事有规章制度的活动，有奉献精神，尊奉权威	会计、财务、企业管理
企业型：擅辞令，能够影响他人并获取权力、地位	法律、公共关系、中小企业管理
艺术型：爱自我表达，擅长艺术性创造或情感活动	绘画、音乐、写作

（5）智力测试

智力测试是对人的智力的科学测试，它主要测验一个人的思维能力、学习能力和适应环境的能力。智力测试是对一般认知功能的测量，一般包括观察力、注意力、记忆力、思维力、想象力等，要求被测试者通过分析、排列、推理、比较、判断、联想等技能来解答测试题目，智力测试的结果用 IQ 商数来表示。智力的高低直接反映人的能力高低，而人的能力高低又直接影响其对职位的胜任水平。智商的测算公式为：

智商（IQ）＝智力年龄/实际年龄×100%

正常人的智商为 90%—109%；优秀者的智商为 120%—139%；非常优秀者的智商在 140% 以上；智力缺陷者的智商在 69% 以下。智商水平测试是企业适人适位地招聘、选拔和配置员工的前提。

智力水平的高低直接影响一个人的工作情况。常用的智力测试包括奥蒂斯独立管理心理测验、旺德利克人员测验、韦斯曼人员分类测验、韦克斯勒成人智力量表、斯坦福—比奈智力量表。

（6）情商测试

情商（EQ）又称情绪智力，即人在情绪、情感、意志、耐受挫折等方面的品质，它对一个人的成功起着关键性的作用。情商测试用于衡量一个人对自己的情绪的认知和调控能力。EQ 的内容包括：①自我意识，即认识自身的情绪，它是 EQ 的基础；②控制情绪，即妥善管理情绪；③自我激励；④认知他人的情绪；⑤人际交往技巧。EQ 是组织领导者必须具备的基本能力。情商高的人可以把智力和各种潜能充分发挥出来；而情商低的人不但难以发挥自己的能力，而且会影响和干扰组织内部的工作秩序。

（四）情景模拟测试

情景模拟测试也称评价中心技术，是现代人力资源测试的一种新方法。情景模拟（Situational Simulation）就是根据应聘者应聘的职务，编制一套与该职务实际情况相似的

测试项目，将应聘者安排在模拟的、逼真的工作情景中处理各种问题，进而对其心理素质、实际工作能力、潜在能力进行评价的一系列方法。这一方法多用于招聘高层管理人员、事务性工作人员、销售人员和服务人员。

二、人员录用技术

（一）人员录用流程

一般来讲，人力资源录用工作主要包括做出录用决策、确定并公布录用名单、办理录用手续、通知应聘者、签订试用合同、新员工入职体检、新员工安置与试用、新员工转正并签订正式劳动合同等环节。人力资源录用流程如图 4—1 所示。

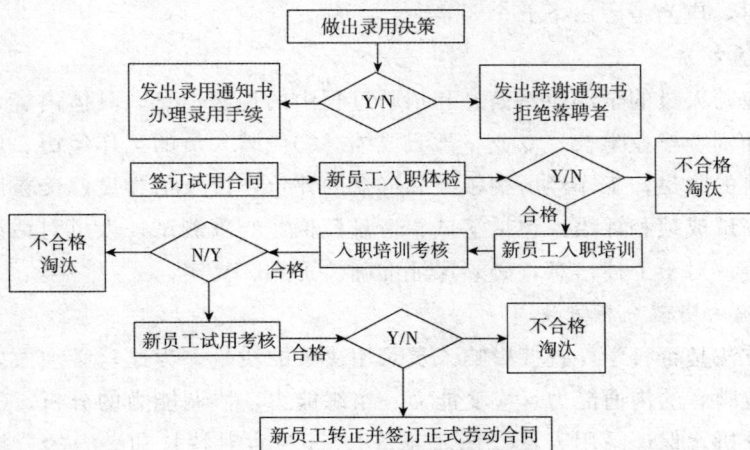

图 4—1　**人力资源录用流程图**

（二）人员录用决策标准

人员录用的标准是衡量应聘者能否被组织选中的一个标尺。从理论上讲，它是以工作描述与工作说明书为依据而制定的录用标准，又称为因事择人。这应该是录用效果最佳的方法。但在现实中，它将随着招聘情况的不同而有所改变。在人员录用中，有三个录用决策标准，即以人为标准、以岗位为标准和以双向选择为标准。

1. 以人为标准进行配置

以人为标准进行配置，即从人的角度，对每人得分进行排序，按每人得分最高的一项给其安排职位。这样做可能会出现同时多人在岗位上得分一样高的情况，但结果只能选择一个员工，从而导致优秀人才被拒之门外。

2. 以岗位为标准进行配置

以岗位为标准进行配置是从岗位出发，每个岗位都挑选得分最高的人，这样可能会导致一个人同时能胜任多个岗位。尽管这样做组织效率最高，但只有在允许岗位空缺的前提下才能实现，现实中常常是不可行的。

3. 以双向选择为标准进行配置

以人为标准或以岗位为标准进行配置均有欠缺，因此企业多结合使用这两种方法，即从岗位和人双向选择的角度出发，合理配置人员。以双向选择为标准进行配置，对岗位而言，有可能出现得分最高的员工不能被安排在本岗位上的情况；对员工而言，有可能出现没有被安排到其得分最高的岗位上工作的情况。但该方法综合平衡了岗位与人员的因素，既现实又可行，能从总体上满足岗位人员的配置要求，效率较高。

（三）人员录用决策的参考要素

录用决策是对甄选评价过程中产生的信息进行综合评价与分析，确定每一个候选人的素质和能力特点，根据预先设计的人员录用标准进行挑选，选出最合适的人员的过程。在做出录用决策时，应当考虑以下五个要素。

1. 信息准确可靠

信息包括应聘人员的全部原始信息和招聘过程中的现实信息。具体内容包括：①应聘人员的年龄、性别、毕业学校、专业、学习成绩。②应聘人员的工作经历、原工作岗位的业绩、背景资料的收集，工作经历中领导和群众的评价，以及信誉度、美誉度等。③应聘过程中的各种测试成绩和评语，包括笔试、情景模拟、心理测试、人机对话测试、面试成绩和面试评语等。对于上述信息，必须保证准确、可靠、真实。

2. 选择正确的资料分析方法

资料分析方法是否科学，直接影响人员录用决策的质量。为此，必须做好以下几项工作：①注意对应聘者的沟通能力、应变能力、组织能力、协调能力的分析。②注意对职业道德和品格的分析，保证录用人员"德才兼备"。③注意对特长和潜力的分析。④注意对个人社会资源的分析，应聘者的家庭、朋友、老师和个人长期积累的良好的社会关系、良好的资信度和良好的社会基础等社会资源，是企业的一笔财富。⑤注意对个人的学历背景和成长背景的分析，它对一个人的心理健康至关重要。⑥注意对面试现场表现的分析，因为面试表现能反映一个人的综合能力和综合素质。

3. 招聘流程的科学性

招聘流程的科学性是指招聘过程中的各个步骤一定要"逐级进行，不能颠倒，不得跨越"，并且各种方法也必须科学、规范、准确，同时还要注意节约招聘成本。例如，摩托罗拉公司在招聘时，通常进行三轮面试：第一轮是人力资源部的初步筛选；第二轮由业务部门进行相关业务的考查和测试，此时提问均集中在相关的业务知识方面；第三轮由招聘职位的最高层经理和人事招聘专员面试。每轮均有被淘汰者，最后一轮是进行匹配度分析。

4. 主考官和其他考官的素质

公正、公平是主考官必备的第一要素，但主考官的能力和素质也至关重要，充分利用主考官的知识、智慧、经验、判断力和分析力，有利于做出相对正确的录用决策。主考官的素质越高，招聘录用的成功率就越高。此外，其他考官也应具有高素质。

5. 能力与岗位的匹配

匹配度分析是招聘过程中一个十分重要的环节，必须通过情景模拟、素质测评、心理测试等手段进行把关。把一个人放在一个不适合他的岗位，将会给企业和个人造成巨大的损失。

（四）人员录用策略

一般来说，人员录用策略主要有以下几种。

1. 多重淘汰式

在多重淘汰式中，每种测试方法都是淘汰性的，应聘者在每种测试中都达到一定水平，方能合格。采用该方法时，依次实施多种考核与测验项目，每次淘汰若干低分者。全部通过考核项目者，再按最后面试或测验的实得分数，排出名次，择优确定录用名单。

2. 补偿式

在补偿式录用决策中，不同的测试成绩可以互为补充，最后根据应聘者在所有测试中的总成绩做出录用决策。如分别对应聘者进行笔试与面试，再按照规定的笔试与面试的权重比例，综合算出应聘者的总成绩，决定录用人选。值得注意的是，由于权重比例不一样，录用人选也会有差别。

3. 结合式

采用结合式录用决策时，有些测试是淘汰性的，有些测试是可以互为补偿的，应聘者只有通过淘汰性的测试后，才能参加其他测试。

第三节　面试

面试兴起于 20 世纪 50 年代的美国。狭义地说，面试就是面谈，是指通过主试者与应聘者双方面对面的观察、交谈等双向沟通的方式，了解应聘者的素质状况、能力特征以及求职动机的一种甄选技术。广义的面试是指主试者通过与应聘者直接交谈或者置应聘者于某种特定情景中进行观察，从而对其适应职位要求的某些能力、素质和资格条件进行测评的一种方法。

一、面试过程

（一）面试前的准备阶段

面试前，面试考官要事先确定需要面试的事项和范围，写好提纲，并且在面试前要详细了解应聘者的资料，了解应聘者的个性、社会背景，及对工作的态度、是否有发展潜力等。面试前的准备工作包括：确定面试目的；慎重选择面试考官；科学地设计面试问题；选择合适的面试类型；确定面试的时间、地点，并编制面试评价表等。

（二）面试的开始阶段

面试开始后，主试考官要努力营造一种和谐的面谈气氛，使面试双方建立一种信任、亲密的关系，消除应聘者的紧张和顾虑。常用的方法是寒暄、问候、微笑以及做出放松的姿势，可先让对方简要介绍自己的情况，此时主试考官应高度集中注意力，注意倾听和观察。

（三）正式面试阶段

采用灵活的提问方法和多样化的形式交流信息，进一步观察和了解应聘者。此外，还应该察言观色，密切注意应聘者的行为与反应，对所问的问题、问题之间的变换、问话时机以及对方的答复都要多加注意。可根据在简历或应聘申请表中发现的疑点，先易后难地提问，尽量创造和谐、自然的环境。

（四）面试的结束阶段

面试结束前，面试考官确定问完了所有的问题后，还应给应聘者一个机会，询问应聘者是否有问题要问，是否有要加以补充或修正的错误之处。不论应聘者是否会被录用，面试均应在友好的气氛中结束。如果主试人员对是否录用某一面试对象有分歧意见，不必急于下结论，还可安排第二次面试。同时，整理好面试记录表。

（五）面试评价阶段

面试结束后，应根据面试记录表对应聘人员进行评估，可采用评语式评估，也可采用评分式评估。评语式评估的特点是可对应聘者的不同侧面进行深入的评价，能反映每个应聘者的特征；缺点是应聘者之间不能进行横向比较。评分式评估则可对不同应聘者的相同方面进行比较，其特点正好与评语式评估相反。

二、面试方式

（一）结构化面试

结构化面试又称直接面试，需要先拟定所提的全部问题，然后一一提问。结构化面试有利于提高面试效率，了解的情况较为全面；能够减少面试者的偏见，增加面试的可靠性和准确性；但谈话方式程序化，不太灵活，主试人员没有机会追踪感兴趣的问题，显得相当机械。

（二）非结构化面试

非结构化面试又称间接面试，主考官会提出探索性、无固定程序、无限制、发散性的问题，鼓励求职者敞开谈。非结构化面试可以了解到特定的情况，但缺乏全面性，效率较低。非结构化面试的优缺点相对明显，因此往往作为其他甄选方式的前奏或补充，发挥补漏的作用。

（三）情景面试

在面试过程中，可向申请者提出一种假定情况，请他们做出相应的回答，这是一种变形的结构化面试。它的面试题目主要由一系列假设的情景构成，通过评价求职者在这些情景下的反应情况来对求职者进行评价。

（四）行为描述面试

行为描述面试又称 BD 面试。在面试过程中，请应聘者就既定情况做出反应，注重真实的工作事例。这种以行为为基础的面试先给出一种既定的情况，要求求职者举出特定的例子来说明他们在过去的工作经历中是如何处理此类问题的，侧重就某一种状况下员工的行为表现来提问。

（五）系列面试

系列面试是由几个面试者分别一对一地对应聘者进行面试。每一位面试者从自己的角度观察求职者，提出不同的问题，并形成对求职者的独立评价意见。在系列面试中，每位面试者依据标准评价表对应聘者进行评定，然后对每位面试者的评定结果进行综合比较分析，最后做出录用决策。

（六）小组面试

小组面试是由一群面试官同时对候选人进行面试的方法。小组面试强调每位面试者应从不同侧面提出问题，要求应聘者回答，类似记者在新闻发布会上的提问。与系列面试的一对一面试相比，小组面试能获得更深入、更有意义的回答，但同时也会给求职者带来额外的压力。

（七）压力面试

压力面试是面试者通过有意制造紧张气氛，以此考查应聘者对工作上承受的压力做何反应的一种面试方法。它的目的是考查应聘者将如何应对工作上的压力，观察应聘者承受压力时的应变能力、心理素质和人际关系能力。

三、面试技巧

（一）面试提问技巧

面试者作为面试的召集者，也是面试的主持人，要清楚提问的目的，事先准备好提问的提纲和提问重点，以免离题太远浪费时间；以积极开放的方式提问；直接针对问题明确提问，以避免问题含糊不清引起应聘者的误解；及时询问应聘者的意见和看法。提问可采取多种有效的方式，如开放式提问、确认式提问、压迫式提问、假设式提问、封闭式提问、比较式提问、引证式提问、行为描述式提问、情景模拟式提问等。

（二）面试评价技巧

面试结束时应给应聘者提问的机会，整理面试记录表。需要注意的是，面试评价要从面试的目的出发，评价项目尽量数量化、可操作化。

四、面试中应注意的问题

（一）紧紧围绕面试目的，避免无计划的面谈

在面试过程中，有的面试官在面试时，往往会岔开主题，这样就达不到面试的目标，有的时候应聘者也会主动或无意识地把目标引开。无计划的面谈，表现为面谈目的不明确、面谈过程杂乱无章、内容重复、沟通不充分、面谈控制失败等。要避免无计划的面谈，就要充分做好面试前的准备工作。

（二）选择合适的面试场所

面试的场所必须符合以下条件：①清洁干净。让应聘者感到愉快舒适。②保证隐私。面试场所必须与其他场所分隔独立，且具有良好的隔音条件，保证应聘者的隐私。③地点便利。让面试者容易寻找。④无干扰。面试场所必须保证不受外界干扰，例如电话干扰、来访者干扰等。⑤无心理压力。面试场所的设计，包括陈设、光线、装潢等都应朴素大方，不给应聘者造成心理压力。

（三）营造和谐的气氛

一般来说，当面试的气氛和谐时，了解的信息就比较准确。除非面试官为了了解应聘者在压力状态下的心理素质而刻意制造一些压力气氛。在一般情况下，应尽可能在面试刚开始时，和应聘者聊聊家常，这样可以缓和面试的紧张气氛，使应聘者能表现出其真实的心理素质和实际能力。面试者一定要注意营造整个面谈过程的良好气氛。在面谈陷入僵局时，要及时化解，保持与应聘者进行轻松自如的交流。同时，面试者还要清楚地向应聘者传递各种信息。

（四）让应聘者畅所欲言

面试是面试者了解应聘者的过程，因此，面试者应当鼓励应聘者畅所欲言。切忌反客为主，面试者一言堂，到面试结束时，面试者对应聘者的各方面情况还一无所知。面试者可以运用提问的技巧，可以运用语音、语气的技巧，可以运用表情和目光对应聘者加以鼓励。

（五）尊重应聘者

面试者不应以考官自居，应避免在面试中表现出对应聘者漫不经心的态度或不尊重应聘者的行为，更应注意言辞。一旦应聘者感觉到自己受冷落，便很难做出积极的反应，这样就不能了解应聘者真正的心理素质和潜在能力。面试者应准时到达面试场所，在面试开始时应向应聘者表示欢迎，在面试中应适当地表示对应聘者的关心。

（六）避免由于个人偏见所造成的误差

首先，面试者在面谈中应始终保持客观和公正的态度，避免刻板印象。刻板是指对某个人产生一种固定的印象，刻板印象会影响对应聘者的客观评价。其次，要提高面试者的面试经验和技巧。再次，避免情绪化，如第一印象、先入为主、近因效应等，情绪化行为会造成面谈的结果失实。

第四节　招聘评估

招聘评估是招聘过程中必不可少的一个环节。人员招聘评估包括招聘成本评估和录用人员评估。

一、招聘成本评估

招聘成本评估是指对招聘中的费用进行调查、核实，并对照预算进行评价的过程。

（一）招聘成本的内涵

招聘成本是指在员工招聘工作中所需花费的各项成本的总称，包括招聘和录取新员工过程中的招募、选拔、录用、安置以及适应性的成本等。

招募成本。即为了吸引和确定企业所需要的人力资源而发生的费用，主要包括招聘人员的直接劳务费用、直接业务费用、间接管理费用及其他相关费用等。

选拔成本。即对应聘人员进行人员测评与选拔，做出录用决策时所支付的费用，包括选拔面谈时间成本、汇总申请资料费用、考试费用和体检费等。

录用成本。即在经过各种测评考核后，将符合要求的合格人选录用到企业时所发生的费用，包括录取手续费、调动补偿费、搬迁费和旅途补助费等由录用引起的有关费用。

安置成本。即为安置新员工到具体的工作岗位时所发生的费用，包括各种安置行政管理费用、为新员工提供工作所需要的装备条件而发生的费用以及录用部门因安置人员所损失的时间成本等。

离职成本。即因招聘不慎，因员工离职给企业带来的损失，一般包括直接成本和间接成本两部分。

重置成本。即因招聘方式或程序错误致使招聘失败而重新招聘所发生的费用。

(二) 招聘成本评估的类型

1. 招聘总成本和单位招聘成本评估

招聘成本评估是鉴定招聘效率的一个重要指标。如果招聘成本低，录用人员素质高，则意味着招聘工作效率高；反之，则意味着招聘工作效率低。一般来说，招聘成本分为招聘总成本与招聘单位成本。

招聘总成本即人力资源的获取成本，它由两个部分组成：一部分是直接成本，包括招募费用、选拔费用、录用员工的家庭安置费用和工作安置费用及其他费用（如招聘人员差旅费、应聘人员招待费等）；另一部分是间接成本，包括内部提升费用、工作流动费用。

招聘单位成本指的是组织为了招聘和雇用员工而平均在他们每个人身上花掉的费用，计算公式为：

$$招聘单位成本 = 招聘总成本 / 实际录用人数$$

2. 成本效用评价

成本效用评价是指对招聘成本所产生的效果进行分析。它主要包括招聘总成本效用分析、招募成本效用分析、选拔成本效用分析和录用成本效用分析等，计算公式为：

$$总成本效用 = 录用人数 / 招聘总成本$$
$$招募成本效用 = 应聘人数 / 招募期间的费用$$
$$选拔成本效用 = 被选中人数 / 选拔期间的费用$$
$$录用效用 = 正式录用的人数 / 录用期间的费用$$

3. 招聘收益成本比

招聘收益成本比是一项经济评价指标，同时也是考核招聘工作有效性的一项指标。招聘收益成本比越高，说明招聘工作越有效，计算公式为：

$$招聘收益成本比 = 所有新员工为组织创造的总价值 / 招聘总成本$$

二、录用人员评估

录用人员评估是指根据招聘计划和招聘岗位的工作分析结果，对所录用的人员进行数量、质量和结构方面的评价的过程。

(一) 招聘数量评价

招聘数量评价主要从应聘者比率、录用比率和招聘完成比率三方面进行。

1. 应聘者比率

计算公式为：

$$应聘者比率 = 应聘者人数 / 计划招聘人数 \times 100\%$$

该比率用来说明员工招聘的挑选余地和信息发布状况。该比率越大，说明企业的招聘信息发布越广、越有效，企业的挑选余地越大。一般说来，应聘者比率应当在200%以上。

招聘越重要的岗位，该比率应当越大，这样才能保证录用者的质量。

2. 录用比率

计算公式为：

$$录用比率＝实际录用人数/应聘者人数×100\%$$

在招聘过程中，录用比率越小，说明企业可选择性越高，招聘到优秀员工的可能性越大，但与此同时，因为录用人数与甄选对象的数目相差太大，会比录用比例小时增加更多成本。

3. 招聘完成比率

计算公式为：

$$招聘完成比率＝录用人数/计划招聘人数×100\%$$

招聘完成比率说明所需员工招聘数量的完成情况，该比率越小，说明招聘员工数量越不足。当招聘完成比率大于等于100\%时，则说明在数量上完成或超额完成招聘任务。

（二）招聘质量评价

录用员工质量评价是对员工的工作绩效行为、实际能力、工作潜力的评价，它是对招聘的工作成果与方法的有效性进行检验的另一个重要方面。质量评价既有利于改进招聘方法，又为员工培训、绩效评估提供了必要的信息，计算公式为：

$$QH＝（ER＋HP＋HR）/N$$

式中，QH 为录用质量；ER 为工作绩效比，如评分为百分制，则员工的绩效比为其绩效评分/100；HP 为新聘员工在一年内晋升的人数占所有当期新员工人数的比率；HR 为一年后还留在企业工作的员工占原招聘的新员工人数的百分比；N 为指标的个数。

QH 指标也反映了新招聘员工的质量，但是因为诸多因素的影响，它不能完全反映新员工的质量，例如在一年内也可能会有优秀的员工离开。

录用员工质量评价可以通过员工录用质量分数指标进行，员工录用质量分数是以应聘岗位的工作分析文件为基准所设置的分数等级，以此来考查员工录用质量。

第五章 员工关系管理

第一节 员工关系管理概述

一、员工关系管理的内涵

最早提出员工关系管理概念的一批人是 IT 厂商、企业管理咨询师和学者，因所从事的领域不同，侧重点也不同，但总的看法是一致的，即都认为"员工关系"是公司与员工之间建立的一种相互有益的关系，并由此把员工关系管理上升到人力资源战略的高度，他们都认为员工关系管理在企业中具有很重要的驱动作用。

员工关系管理（Employee Relationship Management，ERM）有广义和狭义之分，广义上讲，员工关系管理是通过拟定和实施各项人力资源政策和管理行为，以及其他的管理沟通手段调节企业和员工、员工与员工之间的相互联系和影响，从而实现组织的目标的过程。

从狭义上讲，员工关系管理就是企业和员工的沟通管理，这种沟通更多采用柔性的、激励性的、非强制性的手段，从而提高员工满意度，支持组织其他管理目标的实现。

员工关系管理是指以促进企业经营活动的正常开展为前提，以缓和、调整企业内部员工冲突为基础，以实现企业管理者与员工的合作为目的的一系列组织性和综合性的管理措施和手段的总和。

员工关系管理的核心部分是心理契约。20 世纪 70 年代，美国心理学家施恩提出了心理契约的概念。心理契约是根据劳动合同、企业通行惯例以及双方许诺而形成的一种内隐的、不成文的相互责任，其内容相当广泛。它是以追求员工满意度为目标，是组织承诺的基础并影响组织公民行为。我们将在下面的员工关系培养管理内容中做详细的介绍。

二、员工关系管理的重要性

对组织来说，它是由一群具有高效率、高品质的人所组成的群体，也代表着高的竞争力。正所谓"成事在人，败事也在人"。搞好员工关系有利于吸引员工、留住员工、激励员工、促进员工发展和企业和谐。它的积极意义表现在下面几个方面。

（一）有利于提高员工的满意度和忠诚度

在现代社会中，员工是企业真正的中心，是企业的内在动力。员工日益成为具有主导作用的独立群体。作为一种独立群体，员工在利益上虽然与企业具有天然的一致性，但也存在着同企业利益的相异性。一方面，员工是企业的细胞、构建和主体力量，对企业的生存和发展具有决定性的作用，企业要将其利益与员工的利益协调一致，以形成企业发展的内在根据和动力；另一方面，员工日益分化为独立的利益群体，存在着与企业的利益发生矛盾的一面，成为直接牵动企业、制约企业的一种力量，主导并规定着企业的行为选择。企业要进行员工关系管理，协调好企业与员工、员工与员工之间的关系，协调员工公众利益基点，提高员工满意度和忠诚度。

（二）有利于降低员工关系冲突，激励员工的工作热情，降低员工的离职率

员工关系对于企业有着举足轻重的地位，员工关系协调是企业获得成功的根本条件，它必然在企业中产生巨大的内聚力。良好的员工关系能够激发员工的工作热情，对提高工作效率有积极的促进作用；员工关系融洽、心情舒畅、团结一致、齐心协力地发挥巨大的潜能，就可能创造企业更好的业绩和巨大的财富。同时，员工流动率较低，不仅能够保证组织工作的有效运行，而且对组织文化的形成和发展也是非常重要的。

（三）有利于员工之间的沟通与交流

企业的总目标能否实现，关键在于企业与个人目标是否一致，企业内部各类员工的人际关系是否融洽。员工关系管理就是要畅通企业内部信息交流渠道，消除误会和隔阂，联络感情；在企业内部形成相互交流、相互配合、相互支持、相互协作的人际关系。而这种人际关系一旦形成，就能创造一种良好的企业心理气氛，成为提高工作效率、推动企业发展的强大动力。

（四）有利于培养员工团队意识和平等协作精神

通过员工关系管理，使每个员工都从内心真正把自己归属于企业之中，使其具有高度的主人翁精神，从而把自己的命运和企业的兴衰联系在一起，为自己是该企业的一员而自豪，使企业内部上下左右各方面"心往一处想，劲往一处使"，成为一个协调和谐、配合默契、充满协作互助氛围、具有强大凝聚力的集体。这是企业内部员工关系管理的又一重要目标。

三、员工关系管理的内容

员工关系管理贯穿于人力资源管理的方方面面，从把员工招进来的那一刻起，员工关系管理工作就开始了，而且员工关系不能外包，因为要做好员工关系管理，必须对企业文化、员工特点、企业所处的社会环境等有清楚的了解。人力资源管理活动可以从纵横两个纬度（纵向代表人力资源规模的增长，横向代表人力资源质量的增长）划分为四种类型管理（扩展、激励、提高、维持），员工关系管理（ERM）贯穿于人力资源管理的四个基本管理方向。

员工关系管理主要包括劳动关系管理、员工人际关系管理、沟通管理、绩效管理、薪酬管理、纪律管理、企业文化建设、员工冲突管理以及员工关系诊断与改进等。员工关系管理包含的内容非常丰富，需要逐渐认识和学习。

（一）劳动关系管理

劳动关系管理包括签订合同，劳动争议处理，处理员工申诉，员工离职面谈及手续办理，解决员工关心的问题，及时处理各种人事纠纷和意外事件等多项工作。随着市场经济的发展和经济的全球化，劳动争议和纠纷越来越多，企业不仅要为解决争议花费大量的人力和财力，而且还可能因此导致其他间接的损失。而劳动争议发生的原因往往是企业的人事制度不够完善，或者是未能处理好内部矛盾，最终导致矛盾的扩大化。由此，建立有效的劳动争议预防机制，做好劳动关系管理至关重要。

（二）员工人际关系管理

和谐的人际关系和高度凝聚力是企业不可或缺的重要因素。企业用高薪招募到优秀人才，当然很好，对于员工来说，薪酬很重要，但和谐的人际环境更具有吸引力。员工人际关系管理，就是指引导员工建立良好的、正确的工作关系，创建有利于员工建立正式人际关系的环境等工作过程。这是员工关系管理的主要内容。

（三）沟通管理

沟通管理主要包括加强和保证沟通渠道的畅通无阻，利用正式和非正式沟通手段，引导企业与员工之间、员工与员工之间进行及时的双向沟通，完善员工建议制度等多项工作。据调查，企业生产和管理70％的问题主要是沟通障碍引发的。因此，开辟和维护更多有效的沟通渠道，如内部期刊、电话、邮件、"吹风会"、工作面谈、网上论坛等，同时提高沟通能力，保证沟通渠道的畅通，建立融洽的心理氛围，是提高企业工作效率的重要环节。

（四）绩效管理

员工工作的优劣、绩效的高低直接影响着企业整体效率与效益。因此，掌握和提高员工的工作绩效是企业管理的一个重要目标。所谓绩效管理，就是指为了更有效地实现组织目标，在员工的参与下，由专门的绩效管理人员运用人力资源管理的理论、技术和方法进行绩效计划、绩效沟通、绩效评估、绩效反馈与改进、绩效结果应用等基本过程。绩效管理的核心是以人为本，即让员工充分参与绩效评估的过程，在完成组织目标的基础上，关注员工的发展，做好员工的职业生涯规划，以实现员工的个人价值。

（五）薪酬管理

薪酬管理是企业为了实现组织目标，发挥员工的积极性，对其薪酬战略、薪酬政策、薪酬制度及薪酬功效的确定、控制和调整的过程，包括对薪酬总额进行控制，核算人力成本，确定员工岗位的工作标准以及对员工工作结果的评价，建立和实施薪酬制度等内容。薪酬管理是一种复杂、动态的组织行为。做好这一管理工作必须深入分析影响薪酬水平和结构的因素，掌握薪酬水平与结构管理的一般原理与方法，并适时对薪酬水平和结构进行动态调整。

（六）纪律管理

纪律管理是员工关系管理的一个重要职能，是指维持组织内部良好秩序，制定一系列规范，运用奖励和惩罚措施来纠正、塑造以及强化员工行为的过程；或者说是将组织成员的行为纳入法律的环境，对守法者给予保障，对违法者予以适当惩罚的过程。

当员工触犯了企业纪律时，有关部门就要遵照一定的程序对其实施处罚；当员工较好地遵守了企业纪律时，企业也要给予相应的奖励。奖励和处罚都不是员工纪律管理的目的，能够对员工的行为进行规范，防微杜渐，才是纪律管理的真正要义。

（七）企业文化建设

企业文化建设是增强企业凝聚力和吸引力的主要手段，它是指制定和建立符合企业发展战略的企业文化体系，包括塑造、提炼和推广企业的愿景、共同价值观和使命，引导员工价值观，维护企业的良好形象。具体的工作内容包括：指导人力资源部门搭建人力资源战略框架；通过 CIS 系统设计推广企业形象；推行企业文化体系建设；引导员工的价值观；维护企业良好形象等职能。

（八）员工冲突管理

组织中员工冲突是经常发生的，冲突是人际关系周期的直接产物，当关系破裂并给一方带来损失、失望、挫折、折磨甚至是痛苦（无论是真实的还是预期的）时，冲突便随之产生了。员工冲突管理是员工关系管理人员一项非常重要的工作职责，它是指运用法律、心理等一系列措施进行调查、调解、疏导、协调，解决人事纠纷，避免矛盾升级，避免或降低劳动争议，消除冲突带来的消极影响，促进组织的生产和人际和谐的过程。

（九）员工关系诊断与改进

员工关系诊断与改进是指通过对一系列相关因素所做出的调查和分析，了解管理者和员工对员工关系当前和未来问题的看法，并在此基础上发现员工关系管理存在的问题和症结，最终提出员工关系改进方案的工作过程。主要包括组织员工满意度调查，解决员工关心的问题，各项企业内部活动后的调查，员工满意度活动的组织等内容。取得调查结果后，要分析诊断员工关系的状况，及时报告发现的问题，制订员工关系改进计划，对实施效果进行评估。

此外，员工关系管理还包括工作场所的安全和健康、员工援助项目（EAP）、工会关系的融洽、工作丰富化、工作扩大化与岗位轮换、危机处理等。

第二节 员工关系的全过程管理

一、员工关系培养

（一）员工手册与新员工入职引导

1. 员工手册

（1）编写员工手册的必要性

对于初来乍到一家公司的员工，自然希望了解公司的大致情况，尽快搞清"公司能为员工提供怎样的工作环境""员工应当遵守哪些规章制度""若是努力工作，将会获得怎样的发展或者提升"等问题。员工手册是一个很好的介绍形式，它能使新加盟的员工更好地融入该公司。

（2）员工手册的内容

员工手册应该含有哪些内容，并无明确规定，编排亦无固定模式。但一般可由以下几个部分组成：①公司概况；②公司文化；③组织结构；④部门职责；⑤政策规定；⑥行为规范。

在员工手册正文之前，可由董事长致辞，对新员工表示诚挚欢迎，预祝事业成功，并亲笔签名，让人备感亲切。正文之后可增设附录，内容包括厂标、厂徽释义，厂歌，驻外机构名称、地点、负责人、邮编、电话、传真及网址等。封面可设计有寓意的图案，内封可刊登照片。如有必要，可增添图片插页。

2. 新员工入职引导

新员工引导是指为新员工提供有关公司和工作的基本情况的活动。新员工进入一个组织，必须历经组织社会化的阶段。组织社会化是指使员工转变为合格的组织成员的过程。新员工引导是员工实现组织社会化的重要途径。新员工进入企业组织前，每个人的工作经历、价值观念、文化背景等各不相同，与企业组织文化也不完全一致。一般来说，新员工进入一个企业，他们面临的主要问题有三个方面：

（1）进入群体的问题。是否为群体其他成员所接受？是否安全可靠？

（2）现实与期望的矛盾。主要是关于工资、福利、假期、公司政策和员工行为规范的现实与期望的矛盾。

（3）工作环境的问题。同事是否主动与新员工交往并指导其如何达到工作标准？第一项工作是如何分配的？为什么这样分配？公司对员工工作的要求标准是什么？

为了克服这些问题，新员工必须了解三个领域的专门信息。首先是公司的要求、期望、规范、传统和政策；其次是工作交往和沟通方面的行为，如允许的交往、工作气氛、与同事及上司的交往及交往途径；最后是工作技术和技能方面的要求。新员工克服刚进企业面临问题的过程，也是其经历的磨合阶段。从这个意义上来说，新员工引导在员工组织社会化进程中的作用有以下几点：

①帮助新员工了解和熟悉新的工作环境，尽快适应新的工作环境；②塑造良好的企业形象，为新员工灌输一个良好的企业文化，使新员工较快地融入企业文化；③加强员工对企业的认同感，提高员工的保留率。

新员工引导主要包括以下几个方面：公司概况；主要政策及程序；公司设施和部门参观；部门职能和岗位职责。

（二）文化与康乐

企业的文化与康乐，是员工综合素质提高的业余途径，它能不断地激发员工的创造力，满足员工在工作上无法满足的追求，并能培养员工追求卓越事业的活力和热忱。

1. 企业常见文化与康乐的种类

企业开展文化与康乐活动的种类可以根据企业自身的性质规模等来选择。

2. 企业文化康乐经费管理

企业开展文化康乐活动，除了需要有组织、有目的的安排以外，还要考虑到开展这些活动所需要的经费。

3. 企业文化康乐活动注意事项

公司在开展各项文化康乐活动的过程中，作为活动的组织单位或团体应注意以下与活动有关的细则：

（1）员工代表公司参加社会文化康乐活动、竞赛，是否应该给予其带薪假期和所需要的交通费、住宿费，视情况应考虑是否替员工购置活动期间的保险。

（2）员工自行参加外界活动（不代表公司名义），耽误的工作日是否可以考虑用补班形式处理，以不扣除薪资为原则。

（3）员工活动以安全为主，尽量避开有风险性和危险性的活动，并且要配合、服从企业的整体活动。不影响企业工作的正常进行。

（4）企业可以适度提倡、引导开展期望的文化康乐项目以配合企业文化康乐的政策与策略。

此外，经常举行集体性文化康乐活动，除了有效强化企业员工凝聚力与自豪感外，还可以扩大企业的影响力。为提高文化康乐效果，企业还可以邀请社区内相关团体、个人参与，增强企业的社会效应。

（三）员工精神激励

员工确实有金钱的需要，但在人类社会发展的今天，人的需求已不仅仅局限于拥有的金钱越多越好。人们常说，人不能穷得只剩下钱了。员工除了有金钱的需要外，还有更高的精神追求。所以企业管理者在激励员工时，若只注重物质激励而忽视了精神激励，则往往是达不到预期的效果和目的的。在企业管理中，精神激励可以理解为创建满足员工各种需要的条件，激发员工的动机，使之产生实现组织目标的特定行为的过程，它是在较高层次上调动员工的积极性，其激励深度大，维持时间长。

1. 精神激励与物质激励的区别

员工精神激励与物质激励有什么区别呢？我们知道，物质激励是通过物质刺激的手段，鼓励员工工作。它的主要表现形式有正激励，如发放工资、奖金、津贴、福利等；负激励，如罚款、降职等。在实践中，不少单位在使用物质激励的过程中，耗费不少，而并未达到预期的目的，职工积极性也没提高。例如，在发放奖金上，很多企业仅仅依靠月终一次、年终一次的发放办法，不知不觉中陷入了奖励不及时、不分好坏的"皆大欢喜"的无效奖励的恶性循环中，根本无法达到激励效果。精神激励与物质激励都跟员工绩效密切相关。因此，从性质上来说两者是一样的，只是在操作层面上，精神激励一般不需要增加成本，源于此，相对于物质激励，精神激励在某种意义上对于企业效益等更具有价值。

2. 精神激励的形式

（1）目标激励

组织要想在较高层次上调动员工的工作积极性，就需要采取精神激励来充分满足员工自我发展和自我实现的需要。目标激励是利用一定目标对动机的刺激作用，去激励员工的积极性、主动性和创造性的方法。实行目标激励，第一，要使员工看到自己的责任，一旦达到目标就有一种满足感；第二，要使个人目标与组织目标相结合。在运用目标激励时，应该科学地进行目标设置，努力提高目标的价值，同时把设置总目标与阶段性目标有机地结合起来，从而激发人们实现总目标的积极性。目标激励的特点是一旦启动便能平滑地运行，原因在于它反映了员工在某一期间个人目标与企业目标之间的"协议"。运用目标激励必须注意三点：一是目标设置必须符合激励对象的需要，即要把激励对象的工作成就同其正当的获得期望挂起钩来，使激励对象表现出积极的目的性行为。二是提出的目标一定要明确。比如，"本月销售收入要比上月有所增长"这样的目标就不如"本月销售收入要比上月增长10％"更有激励作用。三是设置的目标既要切实可行，又要具有挑战性。目标难度太大，让人可望而不可即；目标过低，影响人们的期望值，难以催人奋进。

（2）参与激励

参与激励是指组织领导应把员工摆在主人的位置上，尊重他们、信任他们，让他们在不同层次和不同深度上参与组织决策，吸收他们中的正确意见，全心全意依靠他们。通过参与，形成员工对企业的归属感、认同感，进一步满足员工自尊和自我实现的需要。企业的发展需要员工的支持。管理者应懂得，员工绝不仅是一种工具，其主动性、积极性和创造性将对企业生存发展产生巨大的作用。而要取得员工的支持，就必须对员工进行激励；要想激励员工，又必须了解其动机或需求。每个管理者首先要明确两个基本问题：第一，没有相同的员工；第二，在不同的阶段中，员工有不同的需求。现代人力资源管理的实践经验和研究表明，现代的员工都有参与管理的要求和愿望，创造和提供一切机会让员工参与管理是调动他们积极性的有效方法。毫无疑问，很少有人参与商讨和自己有关的行为而不受激励的。因此，让职工恰当地参与管理，既能激励职工，又能为企业的成功获得有价值的知识。

（3）授权激励

授权是组织管理中的一项重要内容。我们在这里所讲的授权，指的是当一个人成为组织领导者、有了法定管理权力时，向下属合理分权的领导行为，而一般来讲，职权范围是随着任命而确定的，有岗就有职，任职就有权。这种领导行为是因时因地制宜的，所以有着许多不同的类型。美国管理学家劳伦斯·J.彼得经过研究发现，"在一个等级制度中，每个职工趋向于上升到他所不能胜任的地位"。这就是所谓的彼得原理。因为授权可以满足职员自我实现的需要，因此根据彼得原理给职员以适当的授权，可以进一步发挥职员的积极性。但是也应该由此看到，实施授权激励有两面性，它虽然可以满足职员地位"上升"的心理需求，也有可能出现"不能胜任"的情况。也许正因为如此，管理者在实施授权激励时，往往处于用人与疑人的矛盾状态。

（4）情感激励

情感激励是具有人情味的激励手段，它是通过加强领导与员工之间的交流和沟通，关心员工、尊重员工，与员工之间建立起平等和亲切的情感关系；通过相互的感应和尊重，使员工切身体会领导的关心，组织的温暖。这种激励手段最终能够激发员工爱公司如家的精神和巨大的主人翁责任感。情感激励既不是以物质利益为诱导，也不是以精神理想为刺激，而是指领导者与被领导者之间的以感情联系为手段的激励方式。每一个人都需要关怀与体贴，一句亲切的问候，一番安慰的话语，都可成为激励人们行为的动力。运用情感激励要注意情感的两重性：积极的情感可以增强人的活力，消极的情感可以削弱人的活力。情感激励主要是培养激励对象的积极情感。其方式很多，如沟通思想、排忧解难、慰问家访、交往娱乐、批评帮助、共同劳动、民主协商等。只要领导者真正关心体贴、尊重、爱护激励对象，通过感情交流充分体现出"人情味"，他就会把你对他的真挚情感化作自愿接受你领导的自觉行动。

（5）倾听激励

倾听激励就是指企业领导者、管理者主动去倾听员工的"牢骚"，创造给员工以"发泄"的机会与环境，借此相互沟通、消除隔阂、分清是非、消除猜疑、加强理解、相互支持、相互信任。组织中有许多的员工，而每个人的思想状况又是千变万化的，其中的问题和矛盾由于种种原因，不能及时发现和解决，这些矛盾都是客观存在问题的反映，因而具有鲜明的针对性和突出的尖锐性，为使矛盾得到缓和，就要使职工的不满情绪得到有效的宣泄。如不进行正确的引导，则会造成相互猜疑和不团结，从而影响职工工作积极性，降低其工作效率。

（6）危机激励

在市场竞争中，复杂多变的因素和环境，往往使企业潜伏着危机，如果没有危机意识和压力感，企业就随时有可能被击倒，以至于被淘汰出局。目前市场经济发展的压力越来越大，作为企业的管理者要善于把这种压力和危机感转化成为人们的动力、凝聚力，把人们的积极性调动起来，由一人挑担变为众人承担，从而克服困难、群策群力，实现群体目标。必须时刻提醒人们审时度势，看到面临的不利因素，居安思危，才能在竞争中立于不败之地。

（四）员工授权管理

当公司发展到一定阶段，随着企业事务的日益增多，管理者已经无法对每件事情亲力亲为，这就需要授权，授权意味着管理者可以从繁杂的事务中解脱出来，将精力集中在管理决策、经营决策等重大问题上来。具体来讲，授权包括任务、权力、责任三个要素。任务是指管理者让员工去完成的具体事件；权力是指员工完成工作所需要的财力、人力以及其他资源的自主支配范围；责任是指员工在没有完成工作时所承担的风险。只有将任务、权力和责任相结合，才可能真正称之为授权。

1. 授权的原则

（1）责任和权力相符

授权的第一个原则是职责和权力相符，因为它是有效授权的前提保障。如果员工的职责大于他的权力，则员工就要为自己一些力不能及的事情承担责任，自然会引起员工的不满；如果员工的职责小于他的权力，他就有条件用自己的权力去做职责以外的事情，从而引起管理上的混乱。

（2）授权要完整

授权并不只是告诉员工应该去做某某事那么简单。任务、权力和责任应该有很明确的划分和描述。为了做到授权完整，管理者在授权前，应该对这些问题进行认真的考虑，在授权时尽量采用书面形式，以防止沟通出现误差。另外，授权的过程应该也是管理者和员工讨论的过程，只有这样，才能真正让员工明白自己的任务、权力和责任。

（3）授权要有层次

如果管理者有很多员工，并且这些员工之间存在着隶属关系，那么管理者在授权时，只应该对直接员工进行授权，让直接员工对他们的员工进行二次授权。如果管理者直接对所有员工授权，则势必侵犯了直接员工的管理权力，这样只会为直接员工增加麻烦，降低了工作效率。

（4）给予适当协助

授权不是放任自流，因为员工毕竟在经验和能力上有所欠缺。管理者应该从培养员工的角度出发，有意识地对员工进行协助，在必要时帮助员工去完成任务。

（5）员工参与授权

如果让员工参与到授权的讨论过程中，授权的效率会更高。首先，只有员工本人对自己的能力最了解，所以让他们自己选择工作任务，可能会更有好处；其次，在员工的参与过程中，员工会更好地理解自己的任务、权力和责任；最后，员工参与的过程，是一个主动的过程，对于自己主动选择的工作，员工自然会尽全力将它做好。

（6）授权要有控制

为了防止员工在工作中出现问题，对不同能力的员工要有不同的授权控制，能力较强的员工的控制力度可以小一些，能力较弱的员工的控制力度可以大一些。控制并非想如何控制就如何控制，为了保证员工能够正常工作，在进行授权时，就要明确控制点和控制方式，管理者只能够采取事先确定的控制方式对控制点进行核查。当然，如果管理者发现员工的工作有明显的偏差，可以随时进行纠正，但这种例外控制不应该过于频繁。

2．授权的程序

授权程序如图5—1所示。

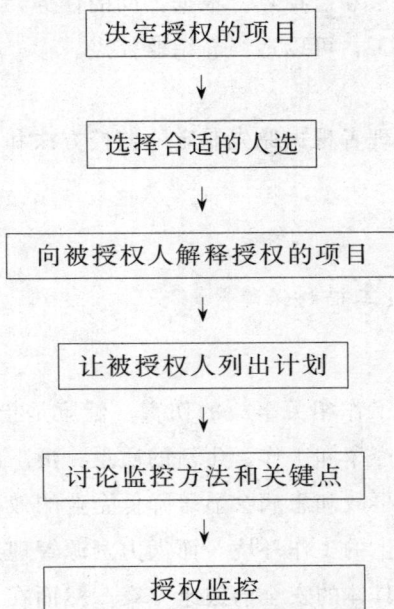

决定授权的项目

↓

选择合适的人选

↓

向被授权人解释授权的项目

↓

让被授权人列出计划

↓

讨论监控方法和关键点

↓

授权监控

图5—1　授权程序

（1）决定授权的项目

授权的第一项工作是选择授权项目，因为并非什么事情都能授权。比如，以下事情就很难授权：

①关系到企业发展或经营规划的重大决策；

②对下属员工的管理工作；

③管理者自己可以很快解决的事务性工作，等等。

在选择好授权的项目之后，要认真地分析任务的内容、任务的时间、任务的控制点、主要责任、权力范围等。

（2）选择合适的人选

确定授权任务之后，要选择合适的人选。在选择人选时，要注意使员工的兴趣和能力与所有授权工作相适合。如果工作需要多位员工授权，则管理者可以组织召开专门的任务授权讨论会，采取工作安排和个人选择相结合的形式来选择人选。这样做不仅可以提高员工工作的主动性，还便于明确员工之间的协作关系。

（3）向被授权人解释授权的项目

在被授权人确定之后，管理者就应该向被授权人解释所授权的工作，其中包括任务内容、时间、需达到的目标等。在解释完以后，最好让员工复述一遍，以防沟通时的误差。

（4）让被授权人列出计划

员工根据所接受的任务自行制订工作计划，工作计划经管理者批准方可执行。

（5）讨论监控方法和关键点

管理者与员工讨论监控方法和监控点。根据不同的任务，监控方法和监控点也有所不同。另外，对于经验丰富的员工，可以适当介绍监控点。

（6）授权监控

在员工工作的过程中，管理者根据原先制定的监控方法和监控点实施监控。

二、员工关系维护

（一）职业健康安全与员工福利保障

1. 职业健康安全

安全是指保护员工不受与工作相关事故的伤害。健康是指员工不患身体或心理疾病。安全与健康问题严重影响着生产率和工作、生活的质量。员工的职业安全与健康直接关系到企业的运营效率，员工发生事故和患病会显著降低企业的效率和员工的士气。生产管理人员应该负责保持一个安全卫生的工作环境，而人力资源管理人员应为员工提供这方面的专业知识，并负责协调与监督具体的安全与健康方案。然而在 2003 年 1—5 月期间，全国矿工企业就发生了伤亡事故 5280 起，死亡 5836 人；而看似风光的办公室白领也备受工作压力、电脑综合征等健康因素的困扰。因此，做好员工安全与健康工作是建立良好员工关系的重要保障。

（1）职业健康安全的措施

在建立并完善现代企业制度的过程中，制定加入 WTO 之后与国际惯例接轨的安全生产、文明生产目标，推行安全生产目标管理，在安全生产、文明生产方面努力做到自我负责、自我管理、自我激励，不断提高安全管理水平。

以改善劳动条件和生产环境、防止职业性危害为目的的职业卫生措施，如防暑、降温、防尘、防毒、防辐射等，以及为保障职业卫生而设立辅助设施，如淋浴室、消毒室、更衣室等。

加大安全生产宣传教育和培训的力度，普及安全知识，如增添开展安全生产教育所需的教材、图书、仪器以及举办安全生产技术培训班、安全生产展览会等所需要的设施。

（2）职业安全健康管理体系

Occupational Health and Safety Assessment Series，职业安全健康管理体系，简称OHSAS18000。OHSAS18000 模式如图 5—2 所示。自 ISO 发布 ISO9000 质量管理和质量保证系列标准和 ISO14000 发布环境管理系列标准以来，在全球掀起了贯彻标准和标准认证的热潮。但是，仅对质量和环境进行体系化的管理仍未达到使顾客满意、社会满意、员工满意、组织所有者满意的完美管理境界。一个优秀的组织对提高管理水平的追求是无止境的。近年来，建立和实施 OHSAS18000 并通过认证，正形成一股新的潮流冲击着企业。职业安全健康管理体系、质量管理体系和环境管理体系代表着 21 世纪标准化管理的趋势。我国于 2001 年 12 月 20 日正式发布了《职业安全健康管理体系审核规范》。

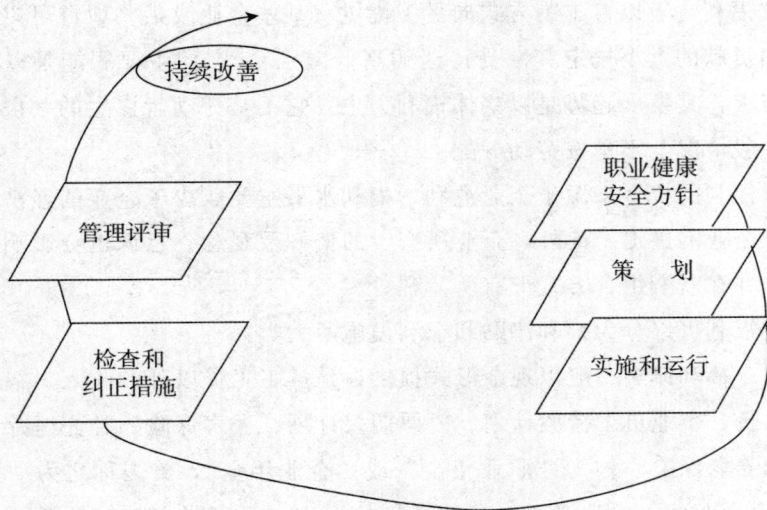

持续改善

管理评审

检查和
纠正措施

职业健康
安全方针

策 划

实施和运行

图 5—2　OHSAS18000 模式

2. 员工福利保障

广义的员工福利，按其社会化程度可以划分为两个层次：一个层次的员工福利是通过政府立法。要求用人单位必须以向社会保险经办机构缴纳税费的方式提供具有强制性的社会保险项目，主要包括基本养老保险、基本医疗保险、失业保险、生育保险、工伤保险等。从用人单位角度可视之为法定福利。另一层次的员工福利是用人单位或行业在没有政府立法要求的前提下，为增强自身的凝聚力，吸引并留住更多的优秀人才，而主动提供的福利。一般是通过增添集体福利设施、发放各种补贴等形式满足本单位、本行业员工某些普遍性的和共同性的需要，并且以低费或免费的形式提供。这种以用人单位或行业为主体自主地为职工提供的福利，在市场经济国家也很普遍。狭义的员工福利仅指用人单位福利。

（1）员工的法定福利

员工的法定福利实质上是用人单位根据国家法律的要求，为员工向社会保险项目缴纳费用。这些项目一般由政府举办，强制企业及员工所在的用人单位从员工就业年份的工资中拨出一部分缴纳社会保险税费作为社会保险基金。法定福利保险主要包括基本养老保险、医疗保险、失业保险、工伤保险、生育保险等。

（2）用人单位福利

用人单位福利、法定福利及社会福利项目的比较：

用人单位福利是以业缘关系为标志的，只有在本单位就业的员工才能享受（有些福利项目员工家属也可以享受）。企业提供福利的出发点在于：一是保证职工的向心力、凝聚力，造就职工归属感和团队意识，吸引和留住高质量的员工服务于本单位；二是提高本行业、本单位的社会声望，树立良好的社会形象，增强竞争力。

用人单位福利一般以普惠制方式向员工提供（某些企业或某些项目可以依据员工供职时间的长短和贡献的大小规定其享受待遇的高低差别），它的主要职能是以共同消费的形式满足共同需求，其发展趋势是以集体福利为主，它不是劳动者谋生的手段，只是工资收入的补充，一般情况下不是按劳动分配。

用人单位福利的资金来源于企业盈利，福利水平主要取决于企业的经济效益，在一定程度上反映了企业的进退。此外，企业所有者的偏好及观念、意识也会影响其对员工福利的重视程度，并在薪酬组合方式上有所体现。

用人单位福利可以分为福利津贴和福利设施两大类：

福利津贴。福利津贴一般以现金形式提供，是员工工资以外的收入。福利津贴包括企业补充养老保险、企业员工持股计划、股票期权计划、人寿保险、补充医疗保险、带薪休假。企业补充养老保险亦称为"职业年金"或"企业年金"，美国称之为"私人养老金计划"。它一般由企业建立，政府很少参与计划的设立；管理成本相对较低；收益和贡献较为对称；覆盖范围较小，针对性强；但投资收益不稳定。企业员工持股计划（Employee Stock Ownership Plans，ESOP）起源于美国。

（3）福利设施

福利设施包括集体福利设施、生产性福利设施、特殊福利设施（像住宅一样的）。集体福利设施包括员工食堂、员工宿舍、托儿所、幼儿园、浴室、理发室等生活设施，以及文化室、俱乐部、图书馆、健身房等文化娱乐设施。这些设施为员工生活提供便利条件，员工可以平等享用。生产型福利设施主要包括舒适的工作条件等。住宅等福利设施是一种特殊的福利设施，我国目前正在实行的是住宅的商品化改革和企业货币化分房制度。

（二）工会与员工参与

1. 工会

（1）工会的职能

维护职能。工会是代表和维护劳动者权益的组织，它以维护劳动者的经济利益和经济活动为基础。各国的劳动法一般都明确规定了这一基本职能。如日本的工会法规定，工会是以职工为主体，以维护和改善劳动条件，提高其经济地位为目的而自主组织起来的团体或联合群体。

教育职能。工会作为维护职工利益的重要组织，发挥着保障职工利益，组织职工参与企业、事业单位民主决策、民主管理、民主监督，提高职工科学技术文化、思想道德水平的重要作用。我国《工会法》第31条规定，工会会同企业、事业单位教育职工以主人翁态度对待劳动，爱护国家和企业的财产，组织职工开展群众性的合理化建议、技术革新活动，进行业余文化技术学习和职业培训，组织开展文娱、体育活动。

监督职能。工会享有监督权利，要对企业落实职工民主管理权利和依法经营管理的状况进行监督。我国《工会法》规定，工会通过职工代表大会或其他形式实施民主监督，对企业、事业单位违反职工代表大会制度和其他民主管理制度，工会有权要求纠正，保障职工依法行使民主管理的权利。

协调职能。"劳资关系"双方是矛盾对立的统一体，按照收益最大化原则，资方追求利润的最大化，而劳方追求收入的最大化，劳资双方的利益追求存在着对立性，劳资纠纷最终难以避免。工会作为劳动力提供方的代表，承担着与管理方进行沟通和协调的职能，在调节劳动纠纷、协调劳资关系方面发挥着不可替代的作用。

（2）工会与劳资关系协调

工会帮助和指导职工与企业以及实行企业文化管理的事业单位签订劳动合同。工会代表职工与企业以及实行企业文化管理的事业单位进行平等协商，签订集体合同。集体合同草案应当提交职工代表大会或全体职工代表大会通过。企业、事业单位处分员工，工会认为不恰当的，有权提出意见。在企业单方面解除劳动合同时，应当事先将理由通知工会，在工会认为企业违反法律、法规和有关合同时，有权要求企业重新处理。

职工认为企业侵犯其劳动权益而申请劳动争议仲裁或向人民法院提起诉讼的，工会应当给予支持和帮助。企业、事业单位违反劳动法律、法规规定，有下列侵犯职工劳动权益情形的，工会有权代表职工提出交涉，要求改正。企业、事业单位拒不改正者，工会有权请求当地人民政府依法做出处理：①克扣职工工资的；②不提供劳动安全卫生条件的；③侵犯女职工和未成年职工权益的；④其他严重侵犯职工权益的。

工会对新建扩建企业和技术改造工程中的劳动条件安全卫生设施有权提出意见，企业或主管部门应当认真处理。工会有权对企业、事业单位侵犯职工合法权益的问题进行调查。

2．员工参与

进入21世纪，随着企业组织结构发生实质性变化，参与式管理越来越普遍，民主管理越来越深入人心。过去企业组织结构是金字塔式的，层层垂直命令是其主要特点。企业组织结构的扁平化发展意味着管理方式由"权力型"向"参与型"转变。权力型管理方式的基本特征是上级管下级，一级管一级，排斥员工参与。参与型管理方式的基本特征是将所有能下放到基层的管理权限都下放到基层，使管理者在遇到困难时得到员工的广泛支持，上情很快下达，下情迅速上报。这种分权、授权式管理本身就是一种参与激励手段，它规定了员工的权利和义务，其回报是管理者获得更多的支持与帮助。在一定程度上改善了劳资关系。具体讲，员工参与和参加管理主要有以下几种方式：（1）员工持股计划。（2）质量圈。（3）共同磋商。

（三）员工申诉管理

1. 员工申诉制度建立的意义

申诉是指组织成员以口头或书面等正式形式表示出来的对企业或组织有关事项的不满。任何组织或企业的成员在感到其本身没有得到公平待遇，或对雇用条件不满时，都会影响工作情绪、降低工作效率及增加意外事件，并会严重打击员工士气，所以欧美大多数企业，都制定有申诉制度，以使员工能够遵循正常途径宣泄其不满情绪，化解内部紧张关系，进而消除劳动争议。建立申诉制度，为处理劳资之间的纠纷，提供了有序的方法。它用一种正式的、事先安排好的方式，为澄清纠纷提供了一种机制，有利于劳资双方在不同层次上进行协商，确保员工的问题得到及时有效的处理。

2. 员工申诉管理的程序

（1）受理员工申诉；

（2）查明事实；

（3）解决问题；

（4）申请仲裁。

（四）员工援助计划

1. 员工援助计划的含义及背景

员工援助计划（Employee Assistance Programs，EAP）是组织为帮助员工及其家属解决职业心理健康问题，由组织出资为员工设置的系统服务项目。

员工援助计划通过专业人士对组织进行诊断和建议，并对员工及其家属提供专业指导、培训和咨询，目的在于帮助和解决员工及其家属的各种心理问题，提高员工在组织中的工作效率。员工援助计划能给企业带来巨大的经济收益。有资料显示，美国通用汽车公司的员工援助计划每年为公司节约 3700 万美金的成本。

员工援助计划最初产生于 20 世纪二三十年代的西方国家。那是正值工业社会蓬勃发展的时期，资方在管理过程中发现员工的过量饮酒、抽烟等行为严重影响了生产效率，为了解决员工这些不良行为习惯对企业的影响，企业主想到了通过行为纠正的方法来帮助员工克服这些成瘾行为，于是产生了最初的 EAP 服务模式。在欧美一些国家，EAP 已经成为一项可以帮助员工面对任何问题的计划的总称。目前，90% 以上的世界 500 强的企业总部都为员工提供了 EAP 服务。在中国，惠普、摩托罗拉、思科、诺基亚、爱立信等一大批外商投资企业，纷纷启动了企业内部的 EAP 项目，由公司内部的 EAP 专门人员来提供或协助相关的服务。此外，少数大型国有企业和民营企业也开始重视对员工的心理帮助。

2. 员工援助计划的内容

从 EAP 的历史可以看到，最初的 EAP 是从禁止在工作地酗酒和吸毒的工业计划而来的。随着工业技术的发展，企业规模的扩大，导致员工工作绩效降低，企业业绩不能达到目标的原因越来越多，员工援助计划的范围在不断拓展。总的来说，员工援助计划主要涉及员工生活和工作两个方面：员工个人生活问题，如健康、人际关系、家庭关系经济问题、情感困扰、法律问题、焦虑、酗酒、药物成瘾及其他相关问题；工作方面，如工作要求、工作中的公平感、工作中的人际关系、欺负与威吓、家庭与工作的平衡、工作压力及其他相关问题。

（五）危机事件处理

危机事件处理就是针对威胁企业组织中生命、财产与业务的不可预期的事件做出系统化的响应，并针对威胁企业组织中财务与业务稳定之任何事件做出正式的响应。企业常见的危机事件种类有：刑事、民事案件；治安、动乱事件；火灾、水灾、强风、地震等自然灾害；工业安全事故；企业财产安全事件；流行病、各类中毒事件；世界金融风暴、经济危机影响事件；企业高层或董事局不测事件；其他突发事件。

在企业的危机事件管理中，危机防范是最低廉的危机管理方式。不同的企业应该根据自己的特殊情况采取灵活多样的防范措施。常见的防范措施有如下几种：（1）设立危机团队管理；（2）拟订危机管理计划；（3）危机预防及处理。

三、员工关系的更新

（一）员工的使用与流动

1. 员工的使用

管理者的主要责任和目的就是对员工的管理和使用。员工使用有广义和狭义之分。员工使用在狭义上是指管理部门按各岗位的员工任务要求，将招聘到的员工分配到公司的具体岗位上，给予员工不同的职位，赋予他们具体的职责、职权，使他们进入工作角色，开始为实现组织目标发挥作用。广义上的员工使用还包括员工的任用、选拔、岗位配置、劳动组合、人事调整、绩效管理等内容，它还要考虑将员工安排在不同职位上的调整、组合，以及如何在其岗位上发挥其最大的工作潜力，为公司创造最大价值。

（1）员工使用的内容

新员工岗位安置；老员工职务升降；余缺员工的调配；劳动组合；员工的退休、辞退。

（2）员工使用的原则

因事择人原则；知事知人原则；兴趣导向原则；用人所长原则；优化组合原则。

2.员工的流动

员工流动是指公司内员工进行的垂直或水平的职务变更或职位变换。造成员工内部流动的主要原因有以下几个方面：第一，由于加强或缩小、新增或撤销某些部门业务时的流动；第二，以调整各部门职员不平衡为目的的流动；第三，以充分发挥职员专长和调动其积极性为目的的流动；第四，带有对职员进行奖励或处罚色彩的特殊流动。以上几种流动在公司内部流动中最为常见，也较为重要。员工流动的动机主要有以下几种：

（1）经济动机；（2）个性匹配动机；（3）职业选择满意性；（4）与生命周期有关的动机；（5）社会地位变动（社会流动）动机；（6）生活方式偏好动机。

（二）企业并购

企业并购是企业兼并（Merger）与收购（Acquisition）的总称。并购可以理解为两家或更多的企业通过产权合并组成一家企业，一般处于劣势的企业被处于优势的企业所吸收。收购是指一家企业购买另一家企业的资产营业部门或股票，从而获得对该企业的控制权的交易行为，被收购企业的法人地位并不因此消失。根据收购对象不同，可分为股票收购和资产收购。

1.企业并购的本质

并购是企业的一种投资行为，如同其他经营活动一样。企业并购的根本动机在于实现利润的最大化。从本质上看，企业并购行为是资本运营行为，是企业控制权（股权或实物资产）的交易。之所以并购双方买卖企业控股权，是因为并购双方对由企业控制权所代表的收益有不同的评价和预期。如果企业控制权不能相应代表收益，或预期收益不足以弥补成本，则并购将不会发生。企业控制权的典型代表是股权，再才是可以组成一个完整的生产或经济系统的实物资产。在特定情况下，如破产清算或重整阶段，债券也可以成为企业控制权的代表。买方只有在这些权利代表企业控制权时进行购买，才能形成企业并购行为。企业并购引起的直接结果就是被并购企业的法人地位消失或控制权被改变。因为并购方只有通过上述方式才能体现和行使控制权。也只有通过对被并购企业组织结构的重新安排，才能贯彻和体现并购方的并购意图、经营思想、企业文化、经营战略，从而使并购的目标与其效益能顺利有效地实现。

2.企业并购的形式

企业并购按不同的标准可以划分为不同的形式。按并购与被并购企业的产权关系，并购可以分为以下几种：

（1）横向并购

它也叫水平并购，即竞争对手间的合并。它表现为资本在同一生产部门或销售领域的集中，资本存量由于企业利润率差异而被集中到边际效率更高的企业，这是替代企业在同一产业内部的竞争引起的资本存量在不同企业间的重新组合，是扩大企业份额、提高行业集中度的基本方式。由于并购对象是生产同类产品的企业，所以可以实现企业实力增强的愿望，使产业结构更趋合理，在更大范围内实现专业化分工协作，采用先进技术和设备；可以使企业统一技术标准，加强技术管理和进行技术变革，从而增强企业产品的市场竞争能力。这种并购特别适用企业偏小，产品生产能力分散的企业。从我国来看，那些市场集中的，存在过度竞争的产业适宜采用这种方式。

（2）纵向并购

它也叫垂直并购，即供应商或客户的并购。也可以说是在原料生产、供应和加工以及销售上有密切关联关系、买卖关系，在处于生产和流通过程中的不同阶段的企业之间的并购。从并购方向上来看，纵向并购分为前向并购和后向并购。前向并购是指并购生产流程后一阶段的企业，如纺织厂并购服装厂；后向并购是指并购生产流程前一阶段的企业，如钢铁厂并购矿山。并购的目的是为了提高经济协作效率，控制该行业生产经营的全过程。

（3）混合并购

即并购双方或多方是属于没有关联产业的企业间并购，并购的宗旨在于改善和优化自身的产业结构，积极参与和尽力控制企业可占有的市场。它不是以加固企业在原行业的地位为目的的，而是以扩大企业可以涉足的领域为目的的。混合并购中又分三种形式：第一，产品扩张型并购，即一定企业以原有产品和市场为基础，通过并购其他企业进入相关产业的经营领域，达到扩大经营范围，增强企业实力的目的；第二，市场扩张型并购，即一个企业为扩大其竞争地盘而对它尚未渗透的地区生产同类产品企业进行并购，它是扩大市场规模，提高市场占有率的主要手段；第三，纯粹混合并购，即生产经营活动彼此之间毫无联系的产品或服务的企业间的并购。由于不同行业、不同产品的生产周期不同，企业利用多角化经营，实现跨行业的多种产品的组合，能降低经营风险，使企业获得稳定的经营利润。

3. 企业并购的人力资源整合

企业中人力资源整合相对于组织结构、管理系统和有形资产等要素的整合要困难得多，因为它涉及个体内在的心理、激励、政治关系、价值概念、行为准则等无形因素的影响。因此，必须用慎重的态度来进行人力资源整合。

（1）并购中人力资源整合的特点

①人力资源整合对并购企业成败的重要性明显提高。

②企业并购中的人力资源的质和量都发生了巨大的变化。

③并购双方人力资源的变动。

（2）并购中人力资源整合的原则

①平稳过渡原则。

②积极性优先原则。

③保护人才原则。

④降低成本原则。

（三）跨文化管理

全球化是组织谋求长远发展的一条必由之路，扩张在为组织带来机遇的同时也带来了一系列的问题。

四、员工关系的发展

（一）员工关系中的职业生涯

职业是个体进入社会生活中获得的社会地位和劳动角色，是从事某一专门工作和活动的社会分工。生涯是指一个人一生工作经历中所包括的一系列活动和行为。职业生涯是指一个人一生中的所有与工作职业相联系的行为与活动。也可以说它是一个人在其一生中所承担职务的相继历程。它有以下四个方面的含义：

（1）职业生涯只是表示一个人一生中在各个工作岗位上所度过的整个历程，并不包含成功与失败的含义，也没有进步快慢的含义。

（2）职业生涯由行为活动、态度、价值三个方面构成。要充分了解一个人的职业生涯必须从主观和客观两个方面来理解：表示职业生涯客观特征的概念是"外在职业生涯"。它是指一个人在工作时期进行的各种活动和表现的各种行为举止的联合体。"内在职业生涯"则表示职业生涯的主观特征，涉及一个人的价值观念、态度、需要、动机、气质、能力、发展取向等。

（3）职业生涯是一种过程，是一生中所有的与工作相关的连续经历，而不仅指一个工作阶段。

（4）职业生涯受各个方面因素的影响。如本人对终生职业生涯的设想与计划、家庭父母的意见与配偶的理解和支持、组织的需要与人事计划、社会环境的变化等都会对职业生涯有所影响。因此，职业生涯在一定程度上可以认为是多方面相互作用的结果。职业生涯分为内职业生涯和外职业生涯。外职业生涯是指由接受教育开始，经工作直至退休的活动。内职业生涯是指个人对职业追求的一种主观愿望以及期望的职业发展计划。

（二）组织的职业生涯开发

1. 组织职业生涯开发的特点

组织职业生涯开发是指在某个组织内，由组织为其成员实现职业生涯目标而"修建"

的职业生涯道路。生涯道路是为组织实现组织和个体的职业计划所铺设，它服务于员工个人，受益于组织。

2. 组织职业生涯开发的道路

职业生涯道路是一个人在受聘于组织期间变换职位的路线或途径。由于社会职业种类的多样性，因而其为组织内的成员所铺设的职业生涯道路也有多条。

（1）传统的职业道路。

（2）网状的职业生涯道路。

（3）横向的职业选择道路。

（4）双重的职业选择道路。

（三）员工职业生涯设计

1. 职业发展周期

每个人的职业发展都需要经过几个阶段，个人需要依据职业发展周期调整个人的知识水平和职业偏好。个人的职业发展周期可以划分为五个阶段：成长阶段、探索阶段、确立阶段、维持阶段和下降阶段，虽然原则上可以把职业生涯发展周期划分为五个阶段，但是并不是每个人的职业发展周期都是一样的，每个人都会有自己的特点。

2. 职业发展性向

职业咨询专家约翰·霍兰德认为，人格（包括价值观、动机、需要等）是决定一个人选择何种职业的另外一个重要因素。他提出了个人选择何种职业的六种基本的"人格性向"。（1）实际性向；（2）调研性向；（3）社会性向；（4）常规性向；（5）企业性向；（6）艺术性向。

实际上每个人不只是包含一种职业性向，而可能是几种职业性向的结合。霍兰德认为，这种性向越相似，则一个人在选择职业时面临的内在冲突和犹豫就越少。

3. 职业锚管理

艾德加·施恩认为，职业设计实际上是一个持续不断的探索过程。在这一过程中，每个人都根据自己的天赋、能力、动机、需要、态度和价值等慢慢地形成较为明晰的与职业有关的自我概念，逐渐形成一个占主导地位的职业锚。职业锚是自我意向的一个习得部分。个人进入早期工作情景后，由习得的实际工作经验所决定，与在经验中自我的动机、需要、价值观、才干相符合，达到自我满足和补偿的一种长期的稳定的职业定位。施恩认为职业锚有五大类型：技术职业能力型职业锚、管理能力型职业锚、创造型职业锚、安全型职业锚和自主型职业锚。

（1）以技术职业能力为锚位的员工，他们以特有的职业工作追求、需要和价值观，表现出如下特征：强调实际技术和某项职能业务工作。技术职业能力锚的员工热爱自己的专业技术和职能工作，注重个人专业技能发展，一般多从事工程技术、营销、财务分析、系统分析和企业计划等工作。

（2）管理能力型的职业锚呈现如下特点：愿意担负管理责任，且责任越大越好，这是管理能力型的职业锚员工的追求目标。他们与不喜欢甚至惧怕全面管理的技术职业锚的人不同，倾心于全面管理，掌握更大权力，担负更大责任。具体的技术工作和职能工作仅仅被看作是通向更高、更全面管理的必经之路；他们从事一个或几个技术职能工作，只是为了更好地展现自己的能力，获取专职管理权。

（3）创造型职业锚是定位很独特的一种职业锚，在某种程度上，创造型职业锚与其他类型的职业锚有重叠。追求创造型职业锚的人要求有自主权、管理能力，能施展自己的才干。但是这些不是他们的主要动机、主观价值，创造才是他们的主要动机和价值观。

（4）安全型职业锚又称稳定型职业锚，其特征如下：职业的稳定和安全是这一类型职业锚雇员的追求、驱动力和价值观。他们的安全取向主要有两类：一种是追求职业安全，稳定源和安全源主要是一个给定组织中的稳定成员的资格，例如，大公司组织安全性高，做其成员稳定系数高；另一种则注重情感的安全稳定，这种情感的安全稳定包含家庭稳定，使自己融入团队等。

（5）自主型职业锚又称独立型职业锚，这种职业锚的特点是：最大限度地摆脱组织约束，追求能施展个人职业能力的工作环境。以自主、独立为锚位的人认为，组织生活太限制人，是非理性的，甚至侵犯个人私生活。他们追求自由自在、不受约束或少受约束的工作生活环境。

施恩认为，从职业锚可以判断雇员达到成功的标准。通过职业锚，可以有针对性地为员工开展职业生涯规划，达到最大限度地激励员工的效果。

（四）核心人才的职业生涯发展

1. 核心员工职业生涯发展的基本原则

从企业角度来看，核心人才的职业生涯发展要遵循系统化原则、长期性原则与动态性原则。系统化原则是指企业要针对不同类型不同特长的核心人才建立相应的职业生涯发展道路；长期性原则是指核心人才的职业发展要贯穿核心人才的职业生涯始终；动态原则是指要根据企业的发展战略、组织结构的变化与核心人才不同时期的发展需求进行相应调整。美国第一银行在企业内部成立了职业生涯资源中心，该中心以 5P 原则帮助核心人才发展职业生涯。5P 是指：（1）个人（Person）。（2）看法（Perspective）。（3）位置（Place）。（4）可能（Possibility）。（5）计划（Plan）。

2. 核心人才职业生涯发展的管理步骤

（1）自我评价

主要目的是帮助核心人才确定兴趣、价值观、资质以及行为取向，指导核心人才明确当前所处职业生涯的位置，制订出未来发展的计划，评估个人的职业发展规划与当前所处的环境以及可以获得的资源是否匹配。其自我评价方式有很多，主要的是心理测验和自我指导研究两种。在此环节中，核心人才要根据自己当前的技能或兴趣，与期望的工作之间存在的差距，确定改善机会和改善要求。企业负责提供评价信息、判断核心人才的优势、劣势、兴趣与价值观。

（2）实现审查

主要目的是帮助核心人才了解自身与公司潜在的晋升机会、横向流动等规划是否符合，以及公司对其技能、知识所做出的评价等信息。在此环节中，员工要确定哪些需求具有开发的现实性，企业就绩效评价结果，以及员工与公司的长期发展规划相匹配之处与员工进行沟通。

（3）目标设定

主要目的是帮助核心人才确定短期与长期职业目标。这些目标与核心人才的期望职位、应用技能水平、工作设定、技能获得等其他方面相联系。目标设定采用核心人才与上级主管针对目标进行讨论的方式，并记录于核心人才的开发计划中。在此环节中，核心人才要确定目标与判断目标进展状况，企业负责确保目标是具体的、富有挑战性的、可以实现的，并承诺和帮助核心人才达到目标。

（4）行动规划

主要目的是帮助核心人才决定如何才能达成自己的短期与长期的职业生涯目标。行动计划可采取安排核心人才参加培训课程和研讨会，获得新的工作经验，获得更多的评价等方式，主要取决于核心人才开发的需求以及开发的目标。

在此环节中，核心人才负责提供核心人才在达到目标过程中所需要的相关资源，其中包括课程、工作经验等。

第三节　劳动关系管理

一、劳动关系的内涵和特点

（一）劳动关系的内涵

劳动关系是指用人单位招用劳动者为其成员，劳动者在用人单位的管理下，为用人单位提供有报酬的劳动而产生的权利义务关系。从广义上讲，生活在城市和农村的任何劳动者与任何性质的用人单位之间因从事劳动而结成的社会关系都属于劳动关系的范畴。从狭义上讲，现实经济生活中的劳动关系是指依照国家劳动法律法规规范的劳动法律关系，即双方当事人是被一定的劳动法律规范所规定和确认的权利和义务联系在一起的。其权利和义务的实现，由国家强制力来保障。劳动法律关系的一方（劳动者）必须加入某一个用人单位，成为该单位的一员，并参加单位的生产劳动，遵守单位内部的劳动规则；而另一方（用人单位）则必须按照劳动者的劳动数量或质量给付报酬，提供良好的安全生产、工作条件，确保劳动者的财产和生命安全，并不断改进劳动者的物质文化生活。

由于文化背景、国家法律制度、价值观等方面的差异，在不同的国家和地区，劳动关系又称为劳资关系、雇佣关系、劳工关系或劳资关系。

（二）劳动关系特点

从早期工业化到当今的信息化时代，劳动关系有一个变化发展的过程，总体上是朝更加规范化、制度化、科学化和人性化的方向发展。其基本特点有以下几个方面：（1）劳动关系是一种劳动力与生产资料的结合关系；（2）劳动关系是具有显著从属性的劳动组织关系；（3）劳动关系是人身关系，也是财产关系。

二、劳动合同的内容

劳动合同是劳动者与用工单位之间确立劳动关系，明确双方权利和义务的协议。它是以契约形式对劳动关系双方的权利和义务进行的界定，也可称为劳动契约、劳动协议、雇佣合同、雇佣契约。

一般在下面的几种情形下，用人单位与劳动者可以签订以完成一定工作任务为期限的劳动合同：第一，以完成单项工作任务为期限的劳动合同；第二，以项目承包方式完成承包任务的劳动合同；第三，因季节原因临时用工的劳动合同；第四，双方约定的以完成其他一定工作任务为期限的劳动合同。

（一）劳动合同的法定内容

劳动合同的法定内容是劳动法律法规规定双方当事人签订劳动合同时必须包括的内容。缺少这些内容，劳动合同不能履行或者难以履行。我国《劳动合同法》规定，劳动合同的内容包括以下几个方面。

1. 用人单位的名称、住所和法定代表人或者主要负责人
2. 劳动者的姓名、住址和居民身份证号码或者其他有效证件号码
3. 劳动合同期限
4. 工作内容和工作地点
5. 工作时间和休息休假
6. 劳动报酬
7. 社会保险
8. 劳动保护、劳动条件和职业危害防护

9. 法律、法规规定应当纳入劳动合同的其他事项

（二）劳动合同的期限

劳动合同期限是指劳动合同起始至终止之间的时间，或者说是劳动合同具有法律约束力的时段。它一般始于合同的生效之日，终于合同的终止之时。任何劳动过程，都是在一定的时间和空间中进行的。在现代化社会中，劳动时间被认为是衡量劳动效率和成果的一把尺子。劳动合同期限由用人单位和劳动者协商确定，是劳动合同的一项重要内容，有着十分重要的作用。劳动合同如果没有期限，双方当事人享有的权利和履行的义务则处于不确定状态，不利于维护各自的合法权益。

劳动合同的期限分为有固定期限、无固定期限和以完成一定的工作任务为期限的劳动合同。（1）有固定期限劳动合同；（2）无固定期限劳动合同；（3）以完成一定工作任务为期限的劳动合同。

（三）劳动合同的约定内容

《劳动法》第17条规定了劳动合同的法定形式是书面形式，其必备条款有七项。（1）劳动合同期限；（2）工作内容；（3）劳动保护和劳动条件；（4）劳动报酬；（5）劳动纪律；（6）劳动合同终止的条件；（7）违反劳动合同的责任。

（四）劳动合同的订立和续订

1. 劳动合同订立的原则

我国《劳动法》第17条规定：订立和变更劳动合同，应当遵循平等自愿、协商一致的原则，不得违反法律、行政法规的规定。《劳动合同法》第3条第1款规定：订立劳动合同，应当遵循合法、公平、平等自愿、协商一致、诚实信用的原则。

劳动合同的订立，一般应该遵循一定的原则，主要有：

第一，合法性原则。劳动合同的形式和内容必须符合现行法律、法规的规定。凡与劳动合同相关的强行性法律规范和强制性劳动标准，都必须严格遵守。

第二，公平性原则。它是指劳动合同的内容应当公平、合理。

第三，平等性原则。劳动者和用人单位在订立劳动合同时在法律地位上是平等的，没有高低、从属之分，不存在命令和服从、管理和被管理的关系。用人单位不能滥用经济上的优势地位，迫使劳动者订立不公平的合同。

第四，自愿原则。劳动合同的订立，应完全出自双方当事人的自由意愿，任何一方不得把自己的意志强加给对方，除合同管理机关依法监督外，任何第三人不得干涉合同的订立。

第五，协商一致原则。劳动合同双方当事人在法律规定的范围内，共同商讨劳动合同

的各项条款，经过反复磋商，取得完全一致的意思表示。协商一致原则建立在平等原则和自愿原则的基础上。只有在完全达成一致意见的基础上签订劳动合同，才是真正贯彻了协商一致的原则。

第六，诚实信用原则。诚信是民法的基本原则之一，其功能与价值不仅适用于民事领域，实践证明在劳动合同领域中，诚实信用原则也是不可或缺的一项基本原则。在劳动合同的订立过程中，诚实信用原则主要体现在双方当事人的告知义务上，要求合同双方诚实守信地订立劳动合同，相互告知与订立和履行劳动合同相关的各种情况，不得欺诈隐瞒。

2. 劳动合同订立的程序

《劳动法》和《劳动合同法》都规定，建立劳动关系应当订立劳动合同。劳动合同订立的程序是指用人单位和劳动者在订立劳动合同时，必须遵循的方式和步骤，一般包括以下四个阶段：

第一，要约和拟订劳动合同草案。要约，是指订立劳动合同的提议，是指作为用人单位或劳动者的一方当事人，向另一方当事人提出订立劳动合同的意思表示。劳动合同的要约通常由用人单位发出，但在某些情形下劳动者也可以成为要约人，如自荐行为。要约人提出的要约，除了表达自己订立劳动合同的意愿外，还要依照法律、法规的规定，明确、具体、清楚地提出订立劳动合同的条件，然后由双方或者一方拟订劳动合同草案。

第二，协商劳动合同内容和承诺。签订劳动合同书要在双方介绍各自的实际情况的基础上就劳动合同内容进行协商。劳动者或用人单位接受对方当事人的要约提议，并对要约中劳动合同的内容表示完全接受，就可以订立劳动合同。订立劳动合同的过程，可能是一次达成一致的意见，也可能是经过反复多次要约、承诺的过程，最终才达成协议。协商和承诺是订立劳动合同过程中最重要的决定性步骤。

第三，签约。签约是用人单位与劳动者就劳动合同的内容达成一致，订立劳动合同。签约是订立劳动合同的最后一道程序。用人单位与劳动者双方当事人必须对合同文件做最后审阅，确认无误后，在合同书上签名或盖章。

第四，鉴证。在双方签字盖章之后，劳动合同的签订还没有结束，需要对合同进行鉴证。按照国家规定或当事人要求而需要鉴证的劳动合同，应当将合同文本送交合同签订地或履行地的合同鉴证机关即劳动行政部门，由鉴证机关进行审查，确定合同的合法性。合同在鉴证后才会生效。

3. 劳动合同的续订

劳动合同的续订，是指合同当事人双方依法经过平等协商达成协议，使原订的即将期满的劳动合同延长有效期限的法律行为。

在续订劳动合同时，提出续延劳动合同的一方应在合同到期前 30 天书面通知对方；用人单位在续订的劳动合同中不得约定试用期；在同一单位工作满 10 年，双方同意续延劳动合同的，用人单位根据劳动者提出的要求，签订无固定期限的劳动合同；有固定期限的劳动合同期限届满，既未终止，又未续订，劳动者和用人单位仍存在劳动关系的，视为续延劳动合同；当事人就续延劳动合同的期限达不成一致意见的，其期限从签字之日起不得少于1年，或按原条件履行。

三、劳动关系的变更

劳动合同的变更是指劳动合同依法订立后，在合同尚未履行或者尚未履行完毕之前，经双方协商一致，对合同条款进行的修改、补充或者删减的法律行为，具体包括工作内容、工作地点、工资福利的变更等。劳动合同的变更实质是合同订立双方的权利和义务发生改变。

（一）劳动合同变更的条件

1. 具有正当理由

正当理由是指出于工作或生产的需要而出现的某种情况的变化，或者法律规定或劳动合同约定的情况已经发生，致使劳动合同中一些条款的继续履行成为不可能或者不必要。如用人单位转产，调整、改变生产任务，严重亏损或发生自然灾害，确实无法履行劳动合同规定的义务。

2. 劳动合同双方当事人协商一致

经劳动合同双方当事人协商达成一致，是劳动合同变更的前提条件。我国《劳动合同法》规定，劳动合同订立时所依据的客观情况发生重大变化，致使劳动合同无法履行的，应当优先选择协商变更劳动合同，未能就变更劳动合同达成协议的，才可以预告辞退。

3. 订立劳动合同所依据的法律法规发生变化

劳动者和用人单位订立劳动合同所依据的法律法规发生变化，需要通过变更劳动合同来实现劳动关系的存续。

变更劳动合同需要注意，变更劳动合同必须在劳动合同有效期内进行；必须遵循劳动合同变更的法定程序；遵循平等自愿、协商一致的原则；不得违反法律、行政法规规定的变更原则；只限于对劳动合同中某些内容的变更，不能对劳动合同的当事人进行变更。

（二）劳动合同变更的程序

劳动合同变更需要经过以下几个步骤。

1. 提议

变更劳动合同的一方在规定的时间内，以书面的形式，提前向对方当事人提出变更的建议，并说明需要变更劳动合同的理由、条件和条款。对方当事人接到变更提议后，劳动合同变更进入协商阶段。

2. 协商

劳动合同的一方当事人同意另一方提出的变更劳动合同的建议，双方就可以签订新的协议；如果变更建议不能或者不能全部被对方当事人接受，双方需要继续协商。在协商过程中如果发生劳动争议，任何一方当事人都可以申请劳动争议仲裁。

3. 订立书面协议

合同双方均同意变更劳动合同的，应当就变更的内容签订书面协议，并签名、盖章，由此完成变更劳动合同，协议发生法律效力。

4. 分持劳动合同文本

变更后的劳动合同文本应当由劳动者和用人单位各持一份。

5. 签订或者备案

凡是在订立时经过鉴定或者备案的劳动合同，其变更后也需要到劳动行政主管部门办理签证或者备案手续。

需要注意的是，劳动合同变更后，合同双方当事人的权利义务从变更之日起就发生法律效力。如果劳动合同变更前和变更后的劳动条件、劳动标准和劳动数量等存在着比较大的差异，应当在日后发放的工资、奖金、津贴、福利待遇等方面予以体现。

四、劳动合同的解除与终止

（一）劳动合同的解除

1. 当事人双方协商解除劳动合同

《劳动合同法》第 36 条规定：用人单位与劳动者协商一致，可以解除劳动合同。如果双方当事人不愿意继续保持这种劳动关系，共同提出解除劳动关系，或是一方不愿意保持这种关系，另一方同意，双方协商一致，则可以解除劳动关系。协商解除是劳动合同自由原则的体现，是双方当事人理性选择的结果，因此双方对其产生的后果是可以预见的。在协商解除劳动合同的过程中，一定要遵循自愿原则，一方不得有利诱、胁迫另一方的违法行为。只有在平等自愿、协商一致的基础上，劳动合同才可以顺利解除，否则就会引发劳动争议。

2. 用人单位单方解除劳动合同

（1）过失性解除

根据《劳动合同法》第 39 条规定，劳动者有如下情形之一的，用人单位可以解除劳动合同：

在试用期间被证明不符合录用条件的；严重违反用人单位规章制度的；严重失职，营私舞弊，给用人单位利益造成重大损害的；劳动者与其他用人单位建立劳动关系，对完成本单位的工作任务造成严重影响，或者经用人单位提出，拒不改正的；因本法第 26 条第 1

款第 1 项（以欺诈、胁迫的手段或者乘人之危，使对方在违背真实意愿的情况下订立或者变更劳动合同的）规定的情形致使劳动合同无效的；被依法追究刑事责任的。

上述情形的共同点是，劳动者主观上均有严重过失，因此，用人单位有权随时解除合同。用人单位在这种情形下解除劳动合同，无须提前 30 天通知，且不受用人单位不得解除劳动合同的法律限制，无须支付经济补偿金。

（2）非过失性解除

非过失性解除是员工本身并无主观过失，而是基于某些外部环境或者劳动者自身的客观原因，企业可以单方面解除劳动合同。

根据《劳动合同法》第 40 条规定，有下列情形之一的，用人单位提前 30 日以书面形式通知劳动者本人或者额外支付劳动者一个月工资后，可以解除劳动合同：

劳动者患病或者非因工负伤，医疗期满后，不能从事原工作也不能从事由用人单位另行安排的工作的；

劳动者不能胜任工作，经过培训或者调整工作岗位，仍不能胜任的；

劳动合同订立时所依据的客观情况发生重大变化，致使原劳动合同无法履行，经当事人协商不能就变更合同达成协议的。

（3）经济原因裁员

经济原因裁员，是用人单位由于生产经营状况发生变化而出现劳动力过剩，通过一次性辞退部分劳动者，以改善生产经营状况的一种手段。经济原因裁员是用人单位用人自主权的体现，但是大规模裁减人员，不但损害劳动者的合法权益，也会给社会稳定带来不利的影响。因此，《劳动合同法》对裁员的法定许可条件、裁员的禁止条件、裁员程序性条件及被裁人员的经济补偿等方面做出了规定：

裁员的法定许可性条件。

①用人单位是属于濒临破产进行法定整顿期间，需要裁减人员的。依照《企业破产法》，企业因经营管理不善造成严重亏损，不能清偿到期债务的，可以依法宣告破产。对濒临破产的企业，允许一定阶段的整顿期。这些企业裁减人员的，可以解除劳动合同。

②用人单位因生产经营状况发生严重困难，确需裁减人员的。用人单位生产经营发生严重困难是随时都会出现的，在市场经济条件下，企业只能依靠自身力量克服上述困难，这就必然涉及裁员问题，因此裁减人员对用人单位来说势在必行。

③企业转产、重大技术革新或者经营方式调整，经变更劳动合同后，仍需裁减人员的。

④其他因劳动合同订立时所依据的客观经济情况发生重大变化，致使劳动合同无法履行的。

裁员的禁止性条件。

用人单位裁员时不得裁减以下人员：

①患职业病或者因工负伤并被确认丧失或部分丧失劳动能力的；

②患病或者负伤，在规定的医疗期内的；

③女职工在孕期、产期、哺乳期内的；

④法律、行政法规规定的其他情形。

裁员的程序性条件。

①提前 30 日向工会或者全体员工说明情况，并提供有关生产经营状况的资料；裁减人员既非员工的过错也非员工本身的原因，且裁员总会在某种程度上给员工造成生活等方面的副作用，为此，裁员前应听取工会或员工的意见。

②提出裁减人员方案，内容包括：被裁减人员名单、裁减时间及实施步骤，符合法律、行政法规规定和集体合同约定的被裁减人员的经济补偿办法。

③将裁减人员方案征求工会或者全体员工的意见，并对方案进行修改和完善。

④向当地劳动保障行政部门报告裁减人员方案，并听取劳动保障行政部门的意见。

⑤由用人单位正式公布裁减人员方案，与被裁减人员办理解除劳动合同手续，按照有关规定向被裁减人员本人支付经济补偿金，并出具裁减人员证明书。

被裁减人员的经济补偿。

经济补偿金的计算标准应按被裁员工之前 12 个月的平均工资性收入计算。这里的工资性收入，包括基本工资、奖金、津贴等，而非单指基本工资。如果前 12 个月平均工资收入低于本市职工最低工资的，按本市职工最低工资标准计算。补偿的期限是根据劳动者在本单位工作年限而定的，每满 1 年，就有本人 1 个月工资收入的经济补偿。满 6 个月不满 1 年的按 1 年计算。

劳动者月工资高于用人单位所在直辖市、设区的市级人民政府公布的本地区上年度职工月平均工资 3 倍的，向其支付经济补偿的标准按职工月平均工资 3 倍的数额支付，向其支付经济补偿的年限最高为 12 年，不得超过 12 年。

3. 劳动者单方解除劳动合同

为了保护劳动者权益，约束用人单位的行为，各国政府对劳动者解除劳动合同的情形做出了比较明确的规定。劳动者解除劳动合同分为预告解除和即时解除两种。

（1）劳动者预告解除劳动合同

劳动者预告解除是指劳动者提出解除劳动合同必须提前告知用人单位。例如，《劳动法》《劳动合同法》均规定，劳动者提前 30 日以书面形式通知用人单位，可以解除劳动合同。劳动者预告解除劳动合同，用人单位不需要支付经济补偿金。

（2）劳动者即时解除劳动合同

劳动者即时解除劳动合同是指劳动者无须向用人单位预告就可以解除劳动合同。我国《劳动法》规定，用人单位有下列情形之一的，劳动者可以随时通知用人单位解除劳动合同：

①在试用期内；

②用人单位以暴力、威胁或者非法限制人身自由的手段强迫劳动的；

③用人单位未按照劳动合同约定支付劳动报酬或者提供劳动条件的。

（3）劳动者根据用人单位履行义务情况，可以随时通知用人单位解除劳动合同的情形

《劳动合同法》规定，用人单位有下列情形之一的，劳动者可以随时通知用人单位解除劳动合同：

①未按照劳动合同的约定提供劳动保护或者劳动条件的；

②未及时、足额支付劳动报酬的；

③未依法为劳动者交纳社会保险费的；

④用人单位的规章制度违反法律法规的规定，损害劳动者权益的；

⑤因以欺诈、胁迫的手段或者乘人之危，使劳动者在违背真实意思的情况下订立或者变更劳动合同，致使劳动合同无效的；

⑥法律、行政法规规定的劳动者可以解除劳动合同的其他情形。

（二）劳动合同的终止

劳动合同终止是指劳动合同双方当事人权利义务的消失，是劳动关系运行的终结。

1. 我国法律对劳动合同终止的规定

（1）劳动合同终止的情形

《劳动法》对劳动合同的终止只规定了两种情形，即劳动合同期满和当事人约定的终止条件的出现，而对其他合同终止的情形则没有规定。

①劳动合同期限届满或者当事人约定的终止条件出现。我国《劳动法》规定，定期的劳动合同在合同约定的期限届满后，除非双方是依法续订或依法延期，否则合同即行终止；企业劳动合同或集体合同对企业劳动合同约定的终止条件出现以后，企业劳动合同就此终止。

②劳动合同主体消失或者丧失一定的资格。劳动者一方死亡，合同即行终止；劳动者因达到退休年龄或丧失劳动能力而办理离退休手续后，合同即行终止；雇主一方死亡，合同可以终止，也可以因继承人的继承或转让第三方而使合同继续存在，这要依实际情况而定；企业因依法宣告破产、解散、关闭或兼并后，原有企业不复存在，其合同也告终止。

（2）劳动合同终止的经济补偿金

我国劳动合同终止与劳动合同解除的最重要的区别是终止劳动合同，用人单位一般不承担支付经济补偿金的义务。但出现以下情形时应支付经济补偿金：

①劳动合同法期满时，用人单位以低于原劳动合同约定的条件要求与劳动者续订劳动合同，而劳动者不愿意续订的，用人单位应当支付经济补偿金。

②用人单位被依法宣告破产，终止合同的，用人单位应当支付经济补偿金。

③用人单位被吊销营业执照、责令关闭、撤销或者用人单位决定提前解散，终止合同的，用人单位应当支付经济补偿金。

④以完成一定工作任务为期限的劳动合同因任务完成而终止的，用人单位应当依法向劳动者支付经济补偿金。

《劳动合同法》第22条规定：用人单位为劳动者提供专项培训费用，对其进行专业技术培训的，可以与该劳动者订立协议，约定服务期。劳动者违反服务期约定的，应当按照约定向用人单位支付违约金。违约金的数额不得超过用人单位提供的培训费用。用人单位要求劳动者支付的违约金不得超过服务期尚未履行部分所应分摊的培训费用。用人单位与劳动者约定服务期的，不影响按照正常的工资调整机制提高劳动者在服务期期间的劳动报酬。

《劳动合同法》第47条的规定：经济补偿按劳动者在本单位工作的年限，每满1年以1个月工资的标准向劳动者支付。6个月以上不满1年的，按1年计算；不满6个月的，向劳动者支付6个月工资的经济补偿。劳动者月工资高于用人单位所在直辖市、设区的市级人民政府公布的本地区上年度职工月平均工资3倍的，向其支付经济补偿的标准按职工月平均工资3倍的数额支付，向其支付经济补偿的年限不超过12年。本条所称月工资是指劳动者在劳动合同解除或者终止前12个月的平均工资。

⑤用人单位依法终止工伤职工的劳动合同，除依法支付经济补偿外，还应当按工伤保险的规定支付一次性工伤医疗补助金和伤残就业补助金。

《劳动合同法》第45条规定：劳动合同期满，有本法第42条规定情形之一的，劳动合同应当续延至相应的情形消失时终止。但是，本法第42条第2项规定丧失或者部分丧失劳动能力劳动者的劳动合同的终止，按照国家有关工伤保险的规定执行。

《劳动合同法》第42条规定：劳动者有下列情形之一的，用人单位不得依照本法第40条、第41条的规定解除劳动合同：

从事接触职业病危害作业的劳动者未进行离岗前职业健康检查，或者疑似职业病病人在诊断或者医学观察期间的；

在本单位患职业病或者因工负伤并被确认丧失或者部分丧失劳动能力的；

患病或者非因工负伤，在规定的医疗期内的；

女职工在孕期、产期、哺乳期的；

在本单位连续工作满15年，且距法定退休年龄不足5年的法律、行政法规规定的其他情形。

⑥用人单位自用工之日起超过1个月不满1年未与劳动者订立书面劳动合同的经济补偿。

《劳动合同法》第82条规定：用人单位自用工之日起超过1个月不满1年未与劳动者订立书面劳动合同的，应当向劳动者每月支付2倍的工资。用人单位违反本法规定不与劳动者订立无固定期限劳动合同的，自应当订立无固定期限劳动合同之日起向劳动者每月支付 2 倍的工资。

⑦法律、行政法规规定的其他情形。

（3）终止的限制及对特定劳动者的补助

劳动者在医疗期、孕期、产期和哺乳期内，劳动合同期限届满时，用人单位不得终止劳动合同。劳动合同的期限应自动延续至医疗期、孕期、产期和哺乳期期满为止。同时，对于劳动者患病或者非因工负伤，合同期满终止劳动合同的，用人单位应当支付不低于 6 个月工资的医疗补助费；对患重病或绝症的，还应当适当增加医疗补助费。

（4）有固定期限的劳动合同终止的手续及终止的后果

《关于实行劳动合同制度若干问题的通知》第 14 条规定：有固定期限的劳动合同期满后，因用人单位方面的原因未办理终止或续订手续而形成事实劳动关系的，视为续订劳动合同。用人单位应及时与劳动者协商合同期限，办理续订手续。由此给劳动者造成损失的，该用人单位应当依法承担赔偿责任。

2．现实中存在的问题

劳动合同的终止不支付经济补偿金，一定程度上不利于对劳动者权益保护和维护劳动关系的稳定，因此我国劳动立法应当对劳动合同终止制度，特别是终止时的经济补偿金制度进行重新审视，进而加以完善。

五、劳动争议

劳动争议是现实中较为常见的纠纷。国家机关、企业事业单位、社会团体等用人单位与职工建立劳动关系后，一般都能相互合作，认真履行劳动合同。但由于各种原因，双方产生纠纷也是不可避免的事情。劳动争议的发生，不仅导致正常的劳动关系得不到维护，还会使劳动者的合法利益受到损害，不利于社会的稳定。因此，应当正确把握劳动争议的内涵，积极预防劳动争议的发生，掌握劳动争议处理途径和程序，积极预防劳动争议的发生，真正有效地解决劳动争议。

（一）劳动争议的内涵

劳动争议，又称劳动纠纷或劳资纠纷，是指劳动关系双方当事人即用人单位与劳动者之间因实现劳动权利和履行劳动义务及其他相关利益产生分歧而引起的争议。

2007 年底我国颁布的《劳动争议调解仲裁法》是处理劳动争议的专门立法。

（二）劳动争议的范围

劳动争议以劳动的权利和义务为标准。

凡是劳动权利义务以外问题引起的争议，不属于劳动争议。例如最高人民法院《关于审理劳动争议案件适用法律若干问题的解释》规定，下列纠纷不属于劳动争议：第一，劳动者请求社会保险经办机构发放社会保险金的纠纷；第二，劳动者与用人单位因住房制度改革产生的公有住房转让纠纷；第三，劳动者对劳动能力鉴定委员会的伤残等级鉴定结论或者对职业病诊断鉴定委员会的职业病诊断结论的异议纠纷；第四，家庭或者个人与家政服务人员之间的纠纷；第五，个体木匠与帮工、学徒之间的纠纷；第六，农村承包经营户与受雇人之间的纠纷。

（三）处理劳动争议的原则及程序

1．处理劳动争议的原则

（1）公正合法原则

在处理劳动争议案件的过程中，劳动争议处理机构应当查明事实、分清是非，以事实为依据。在此基础上，依照法律法规、依照集体合同和劳动合同的约定，及时地处理劳动争议案件，保护当事人的合法权益。

同时，不论劳动者的民族、种族、性别、职业、社会出身、宗教信仰、教育程度、财产状况等，应当公平地对待当事人，法律面前一律平等，不能因人而异或者偏袒一方。

（2）着重调解原则

在劳动争议处理的过程中，劳动争议处理机构应当注重运用调解的方式解决劳动争议，不仅劳动争议调解机构应当注重协商、调解，促使当事人和解，而且仲裁机构在仲裁前、审判机构在判决前，对适合调解的劳动争议案件也应当先行调解。如果调解不成，再进入下一步的审理程序。

（3）及时处理原则

在劳动争议处理的过程中，劳动争议处理机构要按照国家法律法规规定的期限及时行使权力、履行职责，尽可能快速、高效率地处理和解决劳动争议，不能久拖不决。

2．处理劳动争议的程序

（1）劳动争议协商

①协商应基于当事人双方完全自愿；

②相互信任和尊重是当事人双方共同解决劳资争议的必要条件；

③协商程序简单、灵活。

（2）劳动争议调解

①劳动争议调解组织

我国《劳动争议调解仲裁法》规定，发生劳动争议，当事人可以到以下两种主要形式的调解组织申请调解：

一种是设在用人单位的劳资争议调解委员会。它是企业内部依法设立的、负责调解本单位劳动争议的组织，由员工代表和企业代表组成。员工代表由工会成员担任或者由全体员工推荐产生，企业代表由企业负责人指定。没有设立工会的企业，劳动争议调解委员会的设立及其组成由员工代表和企业代表共同协商决定。

另一种是在城镇和乡镇企业集中的地方设立的区域性劳资争议调解指导委员会。

②劳动争议调解程序

1）申请

申请调解是指劳动争议的当事人以口头或书面的形式，向劳动争议调解委员会提出调解的请求。申请调解是启动劳动争议调解程序的必经步骤。我国法律法规并没有赋予劳动争议调解委员会强制调解权，因此，只有在双方当事人请求调解的情况下，才能启动劳动争议调解。

申请劳动争议调解的当事人还须特别注意劳动争议调解的时效。当事人应当自知道其权利被侵害之日起 30 日内，以书面或者口头的形式向劳动争议调解委员会提出申请，填写劳动争议调解申请书。超过劳动争议调解时效，劳动争议调解委员会不予调解。

2）受理

调解委员会自接到调解申请后，应当征询对方当事人的意见，对方当事人同意调解的，应予受理；对方当事人不愿意调解的，应做好笔录，并在 3 日内以书面的形式通知申请人。对不予受理的，应向申请人说明理由，调解委员会应在接到《劳动争议调解申请书》4 日内做出受理或不受理的决定。对调解委员会无法决定是否受理的案件，由调解委员会主任决定是否受理。

3）调查

调解委员会对决定受理的案件应及时指派调解员对争议事项进行全面调查核实，调查应做笔录，并由调查人签名或盖章。调查工作一般包括：第一，查清案件的基本事实：双方发生争议的原因、经过、焦点及有关的人和情况；第二，掌握与争议问题有关的劳动法律法规的规定和劳动合同的约定，分清双方当事人应承担的责任，拟定调解方案和调解意见。

4）调解

较复杂的案件，由调解委员会主任主持召开由争议双方当事人参加的调解会议（发生争议的员工一方在 3 人以上，并有共同申诉理由的，应当推举代表参加调解活动），有关单位和个人可以参加调解会议协助调解；简单的争议，可由调解委员会指定 1 至 2 名调解委员进行调解。

5）制作调解协议书或调解意见书

调解达成协议的，制作调解协议书，双方当事人应自觉履行协议。协议书应写明争议双方当事人的姓名（单位、法定代表人）、职务、争议事项、调解结果及其他应说明的事项，由调解委员会主任（简单争议由调解委员）以及双方当事人签名或盖章，并加盖调解委员会印章。调解协议书一式三份（争议双方当事人、调解委员会各一份）。调解不成的，应做好记录，并在调解意见书上说明情况。调解意见书要写明当事人的姓名（单位、法定代表）、年龄、性别、职务、争议的事实，调解不成的原因，调解委员会的意见，由调解委员会主任在调解意见书上签名、盖章，并加盖调解委员会印章。调解意见书一式三份（争议双方当事人、调解委员会各一份），及时送达当事人，告知当事人在规定的期限内向当地劳动争议仲裁委员会申请仲裁。

3．劳动争议仲裁

劳动争议仲裁，是指劳动争议当事人自愿将劳动争议提交依法设立的专门劳动争议仲裁委员会，由其对双方的争议进行处理，根据国家法律法规对纠纷事实和当事人责任进行裁决，从而解决劳动争议。

4．劳动争议诉讼

劳动争议诉讼是指劳动争议当事人不服劳动争议仲裁委员会的裁决，依法向人民法院起诉，由人民法院依据法律规定的诉讼原则和程序，审理、解决劳动争议案件的活动。

劳动争议诉讼一般由以下几个阶段组成。

①起诉；

②受理；

③调查取证；

④进行调解；

⑤开庭审理；

⑥判决执行；

⑦法庭判决书送达当事人。

六、社会保险

（一）养老保险

1．养老保险的概念和作用

养老保险亦称"老年保险"或"年金保险"，是指劳动者在达到国家规定的解除劳动义务的劳动年龄界限，或因年老丧失劳动能力的情况下，能够依法获得经济收入、物质帮助和生活服务的社会保险制度。

从养老保险的范围、水平、方式的不同，可分为基本养老保险、补充养老保险和个人储蓄性养老保险，国际社会通常称之为养老保险的"第一支柱、第二支柱和第三支柱"。

基本养老保险是由国家立法强制实行的政府行为，全体劳动者必须参加。本节后面将主要阐述基本养老保险。补充养老保险是在国家法律、法规和政策的指导下，在企业和职工已经参加基本养老保险的前提下，由企业或单位与职工视企业经营状况，通过民主协商，自主确定是否参保和确定保险水平，自行选择经办机构。个人储蓄性养老保险完全是一种个人行为，公民和劳动者均可按照自己的意愿决定是否投保以及投保的水平和选择经办机构。

养老保险制度的建立和健全，是人类文明与社会进步的标志和成果，它的产生和发展，同社会保障制度的发展历程一样，经历了自发互助和有组织的互助阶段，然后进入国家立法阶段，迄今已有一百多年的历史。

2. 我国的养老保险制度

1953年《中华人民共和国劳动保险条例》的颁布实施标志着中国城镇企业职工社会养老保险制度的建立。从养老保险制度的建立开始到现在，其间经历了发展、停滞、改革三个历史阶段。

1978年至今，是我国养老保险改革的阶段。从总体上看，城镇企业职工养老保险实行养老保险费用社会统筹，开始从"企业保险"向社会保险转变；实行城镇企业职工个人缴纳养老保险费，开始了社会保险费用由企业一方负担向多方负担的转变；探索实行企业补充和个人储蓄性养老保险制度，开始了社会保险由单一层次向多层次的转变。

（二）医疗保险

1. 医疗保险的概念

医疗保险作为社会保险制度体系的一个重要组成部分，是指当劳动者生病或非因工负伤时，由国家和社会给予一定的经济补偿或医疗服务的社会保险制度。医疗保险具有社会保险的强制性、互济性、福利性、社会性等基本特征，其根本功能是使受到疾病侵害的人力资源的工作能力得到恢复。医疗保险作为社会收入再分配的方式，使人力资源在因为疾病暂中断工作时获得经济上的帮助，从而保障他们的基本生活需要，免除其后顾之忧，同时对维护社会稳定和秩序也具有一定的作用。

2. 我国的医疗保险制度

1998年12月，国务院颁布了《关于建立城镇职工基本医疗保险制度的决定》（以下简称《决定》），它是指导全国医疗保险制度改革的纲领性文件。《决定》明确指出我国医疗保险制度改革的主要任务是：建立城镇职工基本医疗保险制度，即适应社会主义市场经济要求，根据财政、企业和个人的承受能力，保障职工基本医疗需求的社会医疗保险制度。

我国医疗保险制度改革的主要内容包括以下几方面。

（1）保障职工基本医疗需求

"基本水平、广泛覆盖"，以保障职工基本医疗需求，是城镇职工基本医疗保险制度必须遵循的重要原则。

"基本水平"是从我国还不富裕、一些地区和人群还比较贫困的国情出发，根据国家、企业和个人的实际承受能力，确定合理的基本医疗保险水平。具体地说，就是合理确定基本医疗保险的用药目录、诊疗项目、医疗服务和给付标准，而对于超出基本医疗服务的需求，则需要患者自负或通过其他方式解决，不能列入职工基本医疗保险范围。

"广泛覆盖"是要求城镇所有用人单位及其职工，都要参加基本医疗保险。《决定》要求，职工基本医疗保险制度要覆盖城镇所有用人单位及其职工，包括国有企业、集体企业、外商投资企业、私营企业和职工，以及机关、事业单位、社会团体、民办非企业单位及其职工；城镇个体经济组织业主及其从业人员也可以参加基本医疗保险。

（2）用人单位和个人共同负担

实行基本医疗保险费由单位和个人共同负担，形成新的筹资机制。改变过去由国家和企业全部包揽职工医疗保险费的做法，实行基本医疗保险费由用人单位和职工个人双方共同缴纳。

（3）社会统筹与个人账户相结合

基本医疗保险实行"社会统筹与个人账户相结合"的方针，即用人单位和职工缴纳的基本医疗保险费，要分别建立统筹基金和个人账户。这是一项重要的制度创新。所谓社会统筹，就是对基本医疗保险基金实行统一筹集、统一管理、统一调剂、统一使用。建立基本医疗保险个人账户，就是要建立职工自我约束和储蓄积累机制，个人账户的资金，包括职工本人缴纳的基本医疗保险费，还包括用人单位缴费中30％左右的部分，它归职工个人所有。个人账户主要支付小额医疗费用或门诊医疗费用，统筹基金主要支付大额医疗费用或住院医疗费用，要明确统筹基金和个人账户各自的支付范围，分别核算，不能互相挤占。

（4）统筹范围和基金管理

要合理确定基本医疗保险统筹范围，加强基金管理。基本医疗保险基金的统筹范围，原则上以地级以上行政区（包括地、市、州、盟）为统筹单位，京、津、沪三个直辖市原则上在全市范围内实行统筹。城镇职工基本医疗保险实行属地管理，不搞行业统筹。

（5）提高医疗服务质量和水平

要加快医疗机构改革，提高医疗服务质量和水平。医疗机构改革必须与职工医疗保险制度改革配套进行，要根据《中共中央、国务院关于卫生改革与发展的决定》的部署，调整医疗卫生服务结构，改革医疗机构，规范医疗行为，减员增效，提高卫生资源的利用效率和医疗服务水平。

第六章　组织职业生涯管理

第一节　组织职业生涯管理系统概述

一、组织职业生涯管理的内涵和功能

（一）组织职业生涯管理的内涵

职业生涯规划的目的是帮助员工真正了解自己，在进一步详细衡量内在与外在环境的优势、限制的基础上，为员工设计出合理可行的职业生涯发展目标，在协助员工达到和实现个人目标的同时也实现组织目标。组织的职业生涯规划为员工的职业生涯成功提供了基本的载体和科学的指导。它为员工实现其职业目标明确了职业道路，能充分调动员工的潜能，使员工对组织的贡献达到最大化，从而也有利于组织目标或管理活动的实现。组织职业生涯规划对员工的职业生涯发展具有重要的作用。

从组织的角度来看，组织应当对员工的职业生涯规划有一个长远而系统的考虑。成功的职业规划在招聘、吸引优秀员工的过程中是必不可少的，因此组织应当帮助新员工制定职业生涯规划，使新员工树立起追求的目标，知道实现的途径和过程，这样不仅能够增强组织对员工的吸引力，而且有助于维持他们的工作热情。从更广泛的意义上来说，组织进行职业生涯规划能够提高员工的工作质量，促使其形成积极向上的工作态度，并能提高其对组织的忠诚度。（1）组织职业生涯规划可以使员工获得适宜性发展；（2）职业生涯规划可以使员工掌握适宜成长的方法，获得公平持续的发展；（3）确定培训和开发需求的方法；（4）组织职业生涯规划有利于实现雇员发展与组织发展的统一；（5）职业生涯规划是组织吸引和留住人才的重要措施。

从组织角度而言，职业生涯规划就是组织根据自身的发展目标，结合员工的发展需求，制定组织职业需求战略、职业变动规划与职业通道，并采取必要的措施对其加以实施，以实现组织目标与员工就业发展目标相统一的过程。

二、组织职业生涯管理的功能

职业生涯管理旨在将组织目标与个人目标联系起来，因此组织对员工实施职业生涯管理本身就应该是一个双赢的过程。综合来看，其作用主要可以从组织和员工两个角度来考虑。

组织职业生涯管理对组织的作用表现为以下三个方面。

（一）使员工与组织同步发展，以适应组织发展和变革的需要

任何成功的企业，其成功的根本原因是拥有高质量的人才。而这些人才除了依靠外部招聘，更主要的是要靠组织内部培养。在当今世界竞争加剧、环境不断变化的大背景下，实施职业生涯管理可以有效地实现员工和组织的共同发展，不断更新员工的知识、技能，提高人的创造力，是确保企业在激烈的竞争中立于不败之地的关键所在。

（二）优化组织人力资源配置结构，提高组织人力资源配置效率

经过职业生涯管理，一旦组织中出现了空缺，可以很容易在组织内部寻求到替代者，既减少了填补职位空缺的时间，又为员工提供了更加适合他们发展的舞台，解决了"人事合理配置"这一传统的人力资源管理问题。

（三）提高员工满意度，降低员工流动率

职业生涯管理的目的就是帮助员工提高在各个需要层次的满足程度，尤其是马斯洛的需求层次理论中提到的归属、尊重和自我实现等高层次的需要。它通过各种测评技术真正了解员工在个人发展上想要什么和应该得到什么，协调并制定规划，帮助其实现职业生涯目标。这样可以有效地提高员工对组织的认同度和归属感，降低员工的流动率，进而形成企业发展的强大推动力，更高效地实现企业组织目标。

组织职业生涯管理对个人的作用主要表现为以下四个方面。

（1）让员工更好地认识自己，为他们发挥自己的潜力奠定基础。每个人都有自己的目标，以此来指导自己的行为，但是人们尤其是年轻人在规划自己的发展目标时，往往过高地估计自己，而且由于从众心理的影响，人们经常会不顾自身的特点及环境提供的条件，盲目追随社会热门的职业。事实上，个人目标应该是建立在对自己的客观评价和认识的基础之上的。有很多人在目标实现过程中并非不努力，而是由于缺乏对自身和对环境的正确认知，导致对工作的期望过高。通过职业生涯管理，组织可以帮助员工了解自己的特点及所在组织的目标、要求，为自己制定切实可行的发展目标，并不断从工作中获得成就感。

（2）提高员工的专业技能和综合能力，从而增加他们的自身竞争力。组织适当地对员工进行职业生涯指导并提高他们进行职业生涯自我管理的能力，可以增强其对工作环境的

把握能力和对工作困难的控制能力，帮助他们养成对环境和工作目标进行分析的习惯，同时又可以使员工合理计划、分配时间和精力，提高他们的外部竞争力。

（3）能满足个人的归属需要、尊重需要和自我实现的需要，进而提高生活质量，增加个人的满意度。随着时代的发展，工作对于个人的意义可能远远超过一份养家糊口的差事，它已成为人们生活的一部分，人们越来越热衷于追求高质量的工作生活。职业生涯管理可以通过对职业目标的多次提炼使工作目的超越财富和地位之上，让人们都享受到追求更高层次自我价值实现所带来的成功。

（4）有利于员工过好职业生活，处理好职业生活和生活其他部分的关系。良好的职业生涯管理可以帮助个人从更高的角度看待工作中的各种问题和选择，将各分离的事件结合联系起来，服务于职业目标，使职业生活更加充实和富有成效。它更能考虑职业生活同个人追求、家庭目标等其他生活目标的平衡，避免顾此失彼、两面为难的困境。

第二节　组织职业生涯管理的内容、方法与步骤

一、组织职业生涯规划管理的内容

为了有效地进行职业生涯发展与管理，组织的职业生涯规划必须同时满足组织、员工的需要。那么，如何将员工对自己职业发展的要求与组织的发展紧密地结合起来呢？这就需要对职业生涯进行分析，并依据职业生涯发展的规律性来发挥组织的职业管理作用。

组织在进行职业生涯规划时主要涉及以下几个方面的内容。

（1）沿着各条不同的职业道路转移或流动的人数、具体的工种和工作职位；

（2）发生职业流动或转移的原因；

（3）员工转移或流动预计发生的时间；

（4）安置去向；

（5）具体实施方案与相关的政策与措施。

职业生涯是一个逐渐展开的过程，它能够促使员工去学习新的知识、掌握新的技能、养成良好的工作态度和工作行为。而以往组织对员工的发展往往都忽略了这个根本原则，这具体表现在：组织对员工的发展不是采取连续的和战略性的方法，而是采取了零星的、互不关联的、不连续的方法来对待员工的发展，致使员工对职业发展的需要与组织的发展战略不能紧密地结合起来。因此，对员工的职业生涯规划一定要有一个长远而系统的考虑。如果一个员工在进入组织以后就能有人帮助他制定自己的职业生涯规划，使其能树立起追求的目标，并知道实现的途径和过程，就能够增强组织对员工的吸引力。因此，组织制订出切合实际的职业生涯发展计划，可以说是人力资源管理必须面对的重要挑战之一。

员工职业生涯发展与组织的生存发展息息相关，所以为员工制定职业生涯发展规划也就显得尤为重要。

二、组织职业生涯规划管理的实施步骤与方法

尽管由于员工个体的差异而使得员工个体的职业生涯规划内容各不相同，但组织在为员工制定职业生涯规划时需要考虑的因素却是基本相同的。它们一般包括三个方面：一是员工个人的情况（包括健康状况、社会阶层、教育水准、性别、年龄、负担状况、价值观以及所在的地区等因素）以及个人对自身能力、兴趣、职业生涯需要及追求目标的评估等；二是组织对员工能力、兴趣和潜力的评估；三是组织与员工在职业生涯选择、规划与机会方面的沟通。

在综合考虑上述因素的基础上，组织职业生涯规划一般都要经过四个步骤来完成。

（一）对员工进行分析与定位

组织应当帮助员工进行比较准确的自我评价，同时还必须对员工所处的相关环境进行深层次的分析，并应根据员工自身的特点设计相应的职业发展方向和目标。这一阶段的主要任务是开展员工个人评估、组织对员工进行评估和环境分析三项工作。

1. 开展员工个人评估

职业生涯规划的过程是从员工对自己的能力、兴趣、职业生涯需要及其目标的评估开始的。员工个人评估的重点是，分析自身条件—特别是自己的性格、兴趣、特长与需求等。性格是职业选择的前提，不同的工作往往要求由不同性格的人来适应，否则职业生涯也就难以成功。兴趣是工作的动力和最好的导师，如果一个人的工作与自己的兴趣相符，那么工作起来就是一种享受和乐趣。但要指出的是，兴趣并不等于特长。比如，一个人特别喜欢唱歌，如果这个人五音不全，那么即便兴趣再大，也成不了歌星。特长主要是分析自己的能力与潜力。需求主要是分析自己的职业价值观，弄清自己究竟要从职业中获得什么。因此，个人评估是职业生涯规划的基础，直接关系到员工的职业成功与否。人力资源管理专业人员在员工的自我评估这一环节主要是为员工提供指导，如提供问卷、量表等，以便使员工能够更容易地对自己进行评价。

2. 组织对员工进行评估

组织对员工进行评估是为了确定员工的职业生涯目标是否现实。组织可以通过以下三种渠道来对员工的能力和潜力进行评估。

（1）利用招聘筛选时获得的信息进行评估，包括能力测试、兴趣爱好、受教育情况以及工作经历等。

（2）利用当前的工作情况，包括绩效评估结果、晋升记录或晋升提名、提薪以及参加各种培训的情况等。

（3）利用员工个人评估的结果。

为了评估员工的潜力，许多有名的国际公司都设立或使用评估中心来直接测评员工将来从事某种职业的能力。评估中心的评估可以帮助组织确定员工可能的发展道路，同时也能帮助员工知道自己的优势与劣势，以便于员工更加现实地设定自己的职业发展目标。

3. 环境分析

环境分析主要是通过对组织环境、社会环境、经济环境等问题的分析与探讨，弄清环境对职业发展的作用、影响及要求，以便更好地进行职业选择与职业目标规划。

人是社会的人，任何一个人都不可能离群索居，而是都必须生活在一定的环境中，特别是要生活在一个特定的组织环境之中。而环境也为每个人都提供了活动的空间、发展的条件、成功的机遇。特别是近年来，社会的快速变迁、科技的高速发展、市场的竞争加剧更是对员工的发展产生了巨大的影响。在这种情况下，员工如果能够很好地了解和利用外部的环境，就会有助于其事业取得成功，否则就会处处碰壁，事倍功半，难以成功，有时甚至还会寸步难行。

（二）帮助员工确定职业生涯目标

帮助员工确定职业生涯目标，主要包括职业选择和职业生涯发展路线的选择两个方面的内容。

职业的选择是事业发展的起点，选择正确与否直接关系到事业的成败。据统计，在选错职业的人当中，有76％的人在事业上是失败者。因此，组织应当开展必要的职业指导活动，通过对员工的分析与对组织岗位的分析，为员工选择适合的职业岗位。

职业生涯路线是指一个人选定职业后从什么方向实现自己的职业目标，比如是向专业技术方向发展还是向行政管理方向发展。发展方向不同，对个人的要求也就不同，因此生涯路线选择也是人生发展的重要环节之一。生涯路线选择的重点是组织通过对生涯路线选择要素进行分析，帮助员工确定生涯路线并画出职业生涯路线图。值得注意的是，组织帮助员工设立的职业生涯目标可以是多层次、多阶段的，这样既可以使员工保持开放灵活的心境，又可以保持员工的相对稳定性，提高其工作效率。

组织内部的职业信息系统是为员工制定职业生涯目标时的重要参考。在员工确立实际的职业目标之前，他们往往还需要知道有关职业选择及其机会方面的情况，包括可能的职业方向、职业发展道路以及具体的工作空缺。

组织应当根据自身既定的经营方针和发展战略，预测并做出对未来可能存在的职位以及这些职位所需技能类型的规划，并应对每一职位进行彻底的工作分析，公布其结果，如某项工作的最低任职资格、具体职责、工作规范等。员工可以根据它们来确定自己的职业目标或职业规划。同时，组织还要鼓励员工去思考不同职位的成功者所经历的职业发展道路，为员工勾画出不同的职业发展道路与前景。

组织可以通过多种方式向员工传递有关职业发展方面的信息，如文字的或口头的。许多制定职业生涯发展规划比较正规的组织，通常都是使用组织内部职位海报、工作手册、招聘材料等来向员工提供有关职业选择与职业发展机会的信息。

（三）帮助员工制定职业生涯策略

职业生涯策略是指为了争取实现职业目标而积极采取的各种行动和措施。比如，参加组织举办的各种人力资源开发与培训活动、构建人际关系网、参加业余时间的课程学习、掌握额外的技能与知识等都是职业目标实现的具体策略，另外也包括为平衡职业目标与其他目标（如生活目标、家庭目标等）而做出的种种努力。这些努力有助于个人在工作中取得良好的业绩表现。

在积极实施员工职业生涯规划的同时，根据员工的不同情况采取不同的职业生涯策略，对组织和员工的发展同样具有十分重要的意义。一般来说，在人生的不同年龄阶段，员工的志趣、价值取向等都会有所转变。因此，组织也就应当对不同年龄段的员工采用不同的职业管理方法。

年轻人喜欢不断地自我摸索，寻找适合自己发展的职业道路。因此，向新加入组织的年轻人提供富有挑战性的工作，对他们形成良好的工作态度将会产生深远的影响，并能使他们在今后的职业生涯中保持旺盛的工作热情和竞争能力。

人到中年之后往往对家庭、工作保障及社会地位考虑得更多，他们非常渴望能够获得以职务升迁为标志的职业成就。为了弥补职位空缺，组织可以安排他们对年轻员工进行传、帮、带，使他们认识到自己的重要性；鼓励或资助他们经常"充电"，防止知识老化或掌握更多的工作技能，增强他们的就业保障感；对于那些已有一定地位但不可能再继续晋升的员工，可以通过工作轮换来提高他们的工作兴趣；对于即将退休的员工，组织可以为他们创造一些机会或提供一些条件来培养他们对有益于身心健康的娱乐活动的兴趣，以便营造一个充满人情味的组织氛围，从而使企业获得员工的"忠诚"。

（四）职业生涯规划的评估与修正

由于种种原因，最初组织为员工制定的职业生涯目标往往都是比较抽象的，有时甚至是错误的。因此，在经过一段时间的工作以后，组织还应当有意识地回顾员工的工作表现，检验员工的职业定位与职业方向是否合适。通过在实施职业生涯规划的过程中评估现有的职业生涯规划，组织就可以修正对员工的认识与判断。通过反馈与修正，可以纠正最终职业目标与分阶段职业目标的偏差。同时，通过评估与修正还可以极大地增加员工实现职业目标的可能。

通过对职业生涯规划进行评估与修正，架设组织发展战略及员工职业目标之间的桥梁，是实现组织规划目标的重要手段。组织在了解了员工的自我评价与职业目标之类的信息后，就可以据此并结合组织的发展战略来全盘规划与调整其人力资源。当组织未来的人力资源需求与某些员工的职业目标和个人条件大体一致时，组织就可以事先安排这些员工接触这些工作并使之熟悉起来；当然也可以根据未来职位的要求有的放矢地安排有关员工进行相关的培训，以便使其做好承担此项工作的任职准备。有些员工对本职工作并不喜欢，而对组织的另一些工作很感兴趣，如果这些工作的要求与这些员工的条件相匹配并且又有空缺的话，组织也可安排他们转岗，但是组织应当恪守"公平、公开、公正"的原则，以便让组织获得最佳人选，让员工获得最佳发展。

第三节　组织职业生涯发展通道管理

一、职业生涯发展通道的内涵

职业生涯发展通道是指组织为内部员工设计的自我认知、成长和晋升的管理方案。职业通道设计指明了组织内员工可能的发展方向及发展机会，组织内每一个员工可能沿着本组织的发展通道变换工作岗位。具体来说，职业生涯通道是个体在一个组织中所经历的一系列结构化的职位。职业通道的设计是为了帮员工了解自我的同时使组织掌握员工职业需要，以便排除障碍，帮助员工满足需要。另外，职业生涯通道通过帮助员工胜任工作，确立组织内晋升的不同条件和程序对员工职业发展施加的影响，使员工的职业目标和计划有利于满足组织的需要。

这里需要指出的一点是，职业生涯发展通道的概念略不同于职业生涯路径。职业路径是指员工在其职业生涯中所经历的一系列工作经验。

二、职业生涯通道模式

一般来说，组织有五种职业生涯通道模式：传统职业通道、行为职业通道、横向技术通道、双重职业通道和多重职业通道。职业生涯通道是组织中职业晋升和职业发展的路线，是员工实现职业理想和获得满意工作、达到职业生涯目标的路径。

（一）传统职业通道

所谓传统职业通道是员工在组织中从一个特定的职位到下一个职位纵向向上发展的一条路径，是一种基于过去组织内员工的实际发展道路而制定出的一种发展模式。从中我们可以看出，在传统的职业生涯道路中，技术职业发展道路所提供的升迁机会十分有限。这种模式将员工的发展限制在一个职能部门内或一个单位内，通常是由员工在组织中的工作年限来决定员工的职业地位。它假定每一个当前的职位是下一个较高职位的必要准备。因而，一名员工必须一个台阶一个台阶地、从一个职位到另一个更高的职位变动，以获得所需要的经历和准备。

比如，某一组织的销售部门的职业阶梯是从下而上设计为销售小组、社区销售、地区销售、全国销售及全球销售五个等级，一个销售人员可在 5 年后成为销售组长，10 年后成为社区销售主管，15 年后成为一个地区销售主管，25 年后成为跨国公司在某一国家的销售主管，30 年后成为某一国家的销售总监。我国的公务员职称序列实际上就是这样一种基于资历进行排序的传统职业发展阶梯。

传统职业通道的最大优点是清晰明确、直线向前，员工知道自己向前发展的特定工作职位序列。但它有一个很大的缺陷，就是它是基于组织过去对成员的需求而设计的，但实际上随着组织的发展，技术的进步、外部环境的变迁、企业战略的改变都会影响企业的组织流程和组织结构，进而影响对人力资源的需求，原有职业需求已不再适应目前企业发展的要求。

（二）行为职业通道

行为职业通道是一种建立在对各个工作岗位上的行为需求分析基础上的职业发展通道设计。它要求组织首先进行工作分析来确定各个岗位上的职业行为需要，然后将具有相同职业行为需要的工作岗位化为一族（这里的族是指对员工素质及技能要求基本一致的工作岗位的集合），然后以族为单位进行职业生涯设计。这样，除了传统职业通道之外，员工还可以在族内进行职业流动，从而打破了部门对员工职业发展的限制。这种呈网状分布的职业发展通道设计能够给员工和组织带来巨大的便利：对员工来讲，这种职业发展设计首先为员工带来了更多的职业发展机会，尤其是当员工所在部门的职业发展机会较少时，员工可以转换到一个新的工作领域中，开始新的职业生涯；其次，这种职业发展设计也便于员工找到真正适合自己的工作，找到与自己兴趣相符的工作，实现自己的职业目标。对组织来讲，这种职业发展设计增加了组织的应变性。当组织战略发生转移或环境发生变化时，能够顺利实现人员转岗安排，保持整个组织的稳定性。

（三）横向技术通道

前两种职业途径都被视为组织成员向较高管理层的升迁之路。但组织内并没有足够多的高层职位为每个员工都提供升迁的机会，而长期从事同一项工作会使人倍感枯燥无味，影响员工的工作效率。因此，组织也常采取横向调动来使工作具有多样性，使员工焕发新的活力、迎接新的挑战。虽然没有加薪或晋升，但员工可以增加自己对组织的价值，也使他们自己获得了新生。按照这种思想所制定的组织职业通道就是横向技术通道，它进一步打破了行为职业通道设计对员工行为和技能要求的限制与约束，实现了员工在组织内更加自由的流动。这种设计一般也是建立在工作行为需求分析基础上的。

（四）双重职业通道

传统职业通道是组织中向较高管理层的升迁之路，而双重职业通道主要用来解决某一领域中具有专业技能但并不期望或不适合通过正常升迁程序调到管理部门的员工的职业发展问题。这一职业通道设计的思路是：专业技术人员没有必要也不可能因为其专业技能的提升而从事管理工作，技术专家能够而且应该被允许将其技能贡献组织而不必成为管理者。他们的贡献是组织需要的，应该得到组织的承认。承认的方式不必是被提拔到管理岗位，而是体现在报酬的变更和地位的提升上，并且处于同一岗位上不同级别专业人员的报酬是可比的。双重职业通道有利于激励在工程、技术、财务、市场等领域中有突出贡献的员工。实现双重职业通道能够保证组织既聘请到具有高技能的管理者，又雇用到具有高技能的专业技术人员。专业技术人员实现个人职业生涯发展可以不必走从管理层晋升的道路，避免了从优秀的技术专家中培养出不称职的管理者这种现象。这无疑有助于专业技术人员在专业方面取得更大的成绩。

随着高新技术发展和现代企业的革新再造，双重职业道路日益流行，专业知识和管理技能同样重要。双阶梯模式不是从合格的技术专家中培养出拙劣的管理者，而是允许组织既培养高水平的管理者，也开发出高技能的专业人员。

总体来看，传统职业通道以及由其改良来的行为职业通道都是基于晋升而设计的职业通道；横向职业通道可以增加员工的职业生活多样性；双重职业通道可以保证员工在适合自己的岗位上发展。每种通道都有它的特点，组织可以根据本组织的特色而选择适当的职业通道，发挥职业管理的巨大功效。

（五）多重职业通道

由于双阶梯模式对专业技术人员职业生涯发展阶梯的定义太狭窄，因此如果将一个技术阶梯分成多个技术轨道，双阶梯职业生涯发展模式也就变成了多阶梯职业生涯发展模式，同时这也为专业技术人员的职业发展提供了更大的空间。

参考文献

［1］国务院新闻办公室. 中国的人力资源状况［M］. 北京：人民出版社，2010.

［2］吴江，田小宝. 人力资源蓝皮书：中国人力资源发展报告（2011－2012）［M］. 北京：社会科学文献出版社，2012.

［3］曹如中，邱羚，秦迎林. 人力资源开发与管理［M］. 北京：清华大学出版社，2015.

［4］李乐锋. 连锁企业人力资源管理［M］. 北京：对外经济贸易大学出版社，2010.

［5］张英奎，蔡中华. 人力资源管理［M］. 北京：机械工业出版社，2013.

［6］冉军. 人力资源管理［M］. 北京：教育科学出版社，2013.

［7］张爱卿，钱振波. 人力资源管理［M］. 北京：清华大学出版社，2015.

［8］邓国权. 人力资源管理［M］. 南京：南京大学出版社，2013.

［9］张佩云. 人力资源管理［M］. 北京：清华大学出版社，2012.

［10］赵曙明，张正堂，程德俊. 人力资源管理与开发［M］. 北京：高等教育出版社，2009.

［11］陈维政，余凯成，程文文. 人力资源管理［M］. 北京：高等教育出版社，2011.

［12］黄维德，董临萍. 人力资源管理［M］. 北京：高等教育出版社，2009.

［13］赵凤敏. 人力资源管理（一）［M］. 北京：高等教育出版社，2013.

［14］董克用. 人力资源管理概论［M］. 北京：中国人民大学出版社，2015.

［15］李韬. IBM人力资源管理的三个体系［J］. 北京：企业管理，2012.

［16］闻斋. 王传福坚守"人本管理"［J］. 北京：企业文化，2010.

［17］刘颖民，孟建国. 人力资源管理［M］. 南京：南京大学出版社，2010.

［18］廖泉文. 招聘与录用［M］. 北京：中国人民大学出版社，2015.

［19］万玺，冉军. 招聘管理［M］. 北京：科学出版社，2011.

［20］布莱恩·贝克. 人力资源计分卡［M］. 北京：机械工业出版社，2003.

［21］赵曙明. 人力资源战略与规划［M］. 北京：中国人民大学出版社，2012.

［22］刘凤霞. 组织与工作设计［M］. 天津：天津大学出版社，2015.

［23］林枚，李隽，曹晓丽. 职业生涯开发与管理［M］. 北京：清华大学出版社，2010.

［24］马士斌. 生涯管理［M］. 北京：人民日报出版社，2001.

［25］杨河清. 职业生涯规划［M］. 北京：中国劳动社会保障出版社，2009.

［26］冉军，万玺. 职业生涯管理［M］. 北京：科学出版社，2012.

［27］林新奇. 跨国公司人力资源管理［M］. 北京：清华大学出版社，2015.

［28］姚裕群. 职业生涯管理［M］. 大连：东北财经大学出版社，2009.

［29］王瑞永，袁声莉，暴丽艳. 人力资源管理［M］. 北京：科学出版社，2011.

［30］［美］加里·德斯勒，［新加坡］陈水华. 人力资源管理［M］. 北京：机械工业出版社，2013.

［31］［美］韦恩·F.卡肖. 人力资源管理［M］. 北京：机械工业出版社，2013.

［32］刘爱军. 薪酬管理理论与实务［M］. 北京：机械工业出版社，2013.

［33］迈克尔·波特. 竞争优势［M］. 北京：华夏出版社，2005.

［34］葛玉辉. 工作分析与工作设计实务［M］. 北京：清华大学出版社，2011.

［35］萧鸣政. 工作分析的方法与技术［M］. 北京：中国人民大学出版社，2014.

［36］劳伦斯·S.克雷曼. 人力资源管理：获取竞争优势的工具（原书第 4 版）［M］. 北京：机械工业出版社，2009.

［37］詹姆斯·N.巴伦，戴维·M.克雷普斯. 战略人力资源——总经理的思考框架［M］. 北京：清华大学出版社，2005.

［38］迈克尔·比尔. 管理人力资本［M］. 北京：华夏出版社，1998.

［39］加里·德斯勒. 人力资源管理（第 12 版）［M］. 北京：中国人民大学出版社，2012.

［40］雷蒙德·A.诺伊. 人力资源管理：赢得竞争优势（第 7 版）［M］. 北京：中国人民大学出版社，2013.

［41］彼得·德鲁克. 卓有成效的管理者（第 1 版）［M］. 北京：机械工业出版社，2009.

［42］李乐锋，张永武. 连锁企业人力资源管理［M］. 北京：对外经济贸易大学出版社，2014.

［43］杰佛里·梅洛. 战略人力资源管理［M］. 北京：中国劳动社会保障出版社，2004.

［44］唐矿. 劳动关系管理概论［M］. 北京：中国人民大学出版社，2012.

［45］陈丽，戴卫东. 劳动关系管理［M］. 北京：电子工业出版社，2010.

［46］刘钧. 劳动关系理论与实务［M］. 北京：清华大学出版社，2011.

［47］赵永乐. 劳动关系管理与劳动争议处理［M］. 上海：上海交通大学出版社，2010.

［48］潘新民. 世界 500 强人力资源总监管理笔记［M］. 北京：化学工业出版社，2014.